Länder und Völker
Australien/Ozeanien

Länder und Völker
Australien/Ozeanien

Australien
Neuseeland
Neukaledonien
Vanuatu
Mikronesien
Französisch-Polynesien
Hawaii
Galápagosinseln
Osterinsel
Antarktika

Verlag Das Beste Stuttgart · Zürich · Wien

Länder und Völker
Australien/Ozeanien

Texte und Bilder dieses Bandes basieren auf dem Serienwerk BEAUTÉS DU MONDE, verlegt bei Larousse, Paris, und erstellt von der Redaktion Larousse.

Freie Mitarbeiter

Übersetzung aus dem Französischen:
Hildegard Höhr
Redaktionelle Bearbeitung: Eberhard Riech

Bücher und Neue Medien

Redaktionsdirektor: Ludwig R. Harms
Redaktionelle Koordination:
Margrit Helmbold

Produktgrafik

Art Director: Werner Kustermann
Art Editor: Rudi K. F. Schmidt
Einbandgestaltung: Rolf Bez

Produktion

Produktionsdirektor: Joachim Forster
Leitung Produktion Bücher:
Alfred Wohlfart
Herstellung: Hans-Peter Ullmann

© der französischen Originalausgabe:
1978, 1979, 1980 Librairie Larousse

© der deutschsprachigen Ausgabe:
1990 Verlag Das Beste GmbH, Stuttgart

Das Werk einschließlich aller seiner Teile ist urheberrechtlich geschützt. Jede Verwendung außerhalb der engen Grenzen des Urheberrechtsgesetzes ist ohne Zustimmung des Verlags unzulässig und strafbar. Das gilt insbesondere für Vervielfältigungen, Übersetzungen, Mikroverfilmungen und die Einspeicherung und Verarbeitung in elektronischen Systemen.

Printed in Italy
ISBN 3 87070 350 4

Inhalt

Einleitung 6	*Neukaledonien* 49	*Hawaii* 109

Australien 9

Australiens Arche Noah 12
Die Ureinwohner 12
Die britische Strafkolonie 14
Feindliche Wüsten 15
Herden und Hirten 16
Der Outback 16
Die Städte 20
Die Neubürger 21
Land voller Schätze 22
Sydney 24
Canberra 24
Melbourne 24
Verbrannte Erde 25
Tasmanien 25
Das Große Barriereriff 26

Neuseeland 29

Im Land der Antipoden 30
Wikinger der Südsee 30
Die „Pakeha" 36
Otago 36
Schafe und Rinder 40
Die Nordinsel 41
Wellington 44
Auckland 44
Die Südinsel 44

Neukaledonien 49

Eine wechselvolle Geschichte 50
Grande Terre 52
Bedrohte Natur 53
Die Landwirtschaft 54
Die Ostküste 56
Nouméa 60
König Nickel 61
Île des Pins 61

Vanuatu 65

Außergewöhnliche Kulte 66

Mikronesien 69

Faszinierende Atolle 70
Verseuchte Natur 74
Der amerikanische Einfluß 74
Vielseitige Inselformen 76
Die Karolinen 80
Vögel und Mangroven 82
Die Bevölkerung 82
Die Kolonialgeschichte 86
Trauminseln als militärische Stützpunkte 86
Das moderne Mikronesien 87

Französisch-Polynesien 89

Die Besiedlung der Inseln 94
Inseln der Seligen 96
Tahiti 97
Von Moorea nach Bora Bora 102
Die Tuamotuinseln 106

Hawaii 109

Tourismus 110
Naturspektakel Hawaii 111
Inseln aus Feuer und Wasser 112

Galápagosinseln 117

Charles Darwin 120

Osterinsel 123

Die Sklavenhändler 124
Rano Raraku 126
Die Steinbilder 126

Juan-Fernández-Inseln 127

Antarktika 129

Der riesige Eisschild 130
Ein einzigartiges Klima 131
Überleben im Eis 132
Die Eroberung des Südpols 136
Transportprobleme 137
Inseln der Antarktis 140
Die Kerguelen 140
Das Reich der Vögel 142
Siedlungen 144

Karten, Fakten, Zahlen 148

Bildnachweis 152

Einleitung

Dieser Band behandelt die Kontinente Australien und Antarktika sowie die Inselgruppen des pazifischen und des subantarktischen Raumes, von denen einige zu den am spätesten entdeckten und erforschten Territorien der Erde gehören. Über Jahrhunderte suchten europäische Seefahrer nach einem als *Terra australis incognita* bezeichneten Südkontinent, den man sich bis ins 18. Jh. als notwendiges Gegengewicht zu den übrigen bekannten Kontinenten der Erde vorstellte. Was man sich als eine große Landmasse dachte, erwies sich schließlich als das heutige Australien, Antarktika, die Inseln Neuseelands und riesige Schwärme kleiner und kleinster Inseln in der Weite des Pazifik.

Australien, kleinster Kontinent der Erde und gleichzeitig der einzige Staat, der einen gesamten Erdteil einnimmt, ist ein Erdraum der Extreme. Obwohl Landwirtschaft und Viehzucht eine wichtige Rolle spielen, leben zwei von drei Australiern in den acht größten Städten, die außer der Hauptstadt Canberra alle an der Küste liegen. Perth, die Hauptstadt Westaustraliens, ist wohl die abgelegenste Großstadt der Welt, denn über 2500 km trennen sie von der nächstgrößeren Stadt, Adelaide, der Hauptstadt Südaustraliens. Weite Teile des Landes sind Wüsten oder von undurchdringlichem Dornbusch bedeckte Savannen. Im Landesinneren regnet es manchmal jahrelang überhaupt nicht, bis plötzlich sintflutartige Wolkenbrüche ganze Landstriche unter Wasser setzen. Der Norden wird im Sommer häufig von schweren Regenfällen und heftigen Wirbelstürmen heimgesucht. Australien steht in dem Ruf, ein Land des ewigen Sonnenscheins zu sein, doch hat die Intensität der Sonneneinstrahlung auch ihre Nachteile: Im Bundesstaat Queensland verzeichnet man weltweit die höchste Hautkrebsrate. In den nördlichen Trockengebieten erreichen die Mittagstemperaturen oftmals 45 °C, wogegen es in Tasmanien, auf der großen Insel im Südosten, häufig naßkalt und stürmisch ist. Am angenehmsten ist das Klima im Nordosten, wo subtropische Temperaturen vorherrschen und es regelmäßig regnet. Dieser Teil des Kontinents ist deshalb auch am dichtesten besiedelt. Der uralte Kontinentalblock Australiens wurde in Millionen Jahren durch Wasser und Wind so weit abgetragen, daß erzreiche Gesteine heute nahe der Erdoberfläche liegen. Ausgedehnte Tiefebenen und niedrige Gebirgszüge kennzeichnen die Weiten Australiens. Höhere Faltengebirgsketten finden sich nur im Osten, wo reichliche Niederschläge üppigen Wäldern das Wachstum ermöglichen. In Kontrast

▲ *Ein Wellenreiter in seinem Element vor der australischen Ostküste*

▲ *Stocktänzer auf der mikronesischen Insel Yap*

▼ *Melanesier in ihren farbenprächtigen Gewändern*

▲ *Alpine Gebirgslandschaft – auf der anderen Seite der Erde: Wie gemalt spiegeln sich die Berge im Wasser des neuseeländischen Milfordsundes (Südinsel).*

▼ *Befrackte Gesellen: Königspinguine bevölkern die Inselwelt der Antarktis.*

dazu stehen die lichten Eukalyptuswälder und Dornstrauchsavannen der wechselfeuchten Gebiete. Hier sind viele Pflanzen auf das Leben in langen Trockenperioden eingerichtet: durch lederartige Blätter, Wachsüberzüge, dicke Rinden gegen Buschfeuer, wasserspeichernde Organe und besonders tiefreichende Wurzeln. Die Tierwelt trägt eigenständige, oft altertümliche Züge. Viele Arten sind endemisch, d. h., sie treten nur hier in isolierten Vorkommen auf. Dazu zählen Beuteltiere, Laufvögel und sogar eierlegende Säugetiere. Die Aborigines, die Ureinwohner Australiens, leben noch auf einer Entwicklungsstufe, die ihre lange räumliche Isolation, aber auch eine sehr gute An-

▲ *Das Skelett eines an der Antarktisküste angeschwemmten Wals*

▲ *Hier feiert man das Tamaaraa, ein polynesisches Festmahl.*

▼ *Drachen aus der Vorzeit gleich: die Meerechsen der Galápagosinseln*

passung an die extremen Lebensbedingungen in einer kargen Natur verrät.

Auf der Nordinsel von Neuseeland mit ihren großen fruchtbaren Weideflächen gibt es aktive Vulkane wie den kegelförmigen Mount Egmont und den Ruapehu. Rotorua ist wegen seiner Geysire, der heißen Quellen und seiner brodelnden Schlammbecken berühmt, wohingegen auf den weiten Grasflächen an der Ostküste der gebirgigen Südinsel riesige Schafherden weiden.

Die Landschaft im Westen der Südinsel ist mit ihren Gebirgsseen, ihren schneebedeckten Berggipfeln wie dem Mount Cook, ihren kolossalen Gletschern, den hellgrün bewaldeten Hängen und den plätschernden Gebirgsbächen von atemberaubender Schönheit. In den Wäldern wachsen viele nur hier auftretende Pflanzen, wie z. B. große Farnbäume. Wie im Fall Australiens hat auch die isolierte Lage Neuseelands die Entwicklung besonderer Tierarten begünstigt, wie z. B. die des Kiwis, eines Laufvogels.

Ozeaniens Zehntausende von Inseln und Atollen verschiedenster Größe sind über ein riesiges Gebiet verstreut. Dieser Band behandelt Polynesien (Hawaii, die Osterinsel und Französisch-Polynesien) und die weit nordöstlich am Äquator gelegenen Galápagosinseln, außerdem die Inselwelt Mikronesiens und das zu Melanesien gehörende Vanuatu. Hier nicht beschriebene Inselgruppen und Staaten wie Fidschi, Salomonen oder Samoa zeigen weitgehende Übereinstimmungen mit den ausführlich dargestellten Gebieten. So sind viele Inseln vulkanischen Ursprungs, und immer noch entsteht an den Nahtstellen der großen ozeanischen Erdplatten neues Land. In der Nähe der polynesischen Insel Tonga bilden sich in relativ kurzen Zeitabständen kleine vulkanische Inseln, die später von den Ozeanwellen wieder verschlungen werden. Gewöhnlich sind die Vulkaninseln von Korallenriffen umgeben, aber es gibt auch reine Korallenin seln, die aus den abgestorbenen Teilen von Myriaden winziger Korallentierchen bestehen.

Antarktika, der um den Südpol gelegene, kälteste Kontinent, war bis in das frühe 20. Jh. hinein die letzte Terra incognita unseres Planeten und Schauplatz erfolgreicher wie gescheiterter dramatischer Expeditionen. Heute arbeiten Wissenschaftler in festen Stationen und Labors auf Antarktika an der Erforschung und Erschließung dieses Erdteils. 1961 trat der Antarktisvertrag in Kraft, in dem sich zwölf Nationen verpflichteten, die Antarktis ausschließlich für friedliche wissenschaftliche Forschung zu nutzen. 1991 wird dieses Abkommen erneuert werden, und weitere Nationen haben ihr Interesse an der Erforschung der Antarktis angemeldet.

Die Redaktion

▲ *Bei Albany im Südwesten Australiens herrscht subtropisches Klima. Der Küste am Indischen Ozean sind flache Sandstrände vorgelagert.*

Australien

Ein riesiges Land voller bizarrer Naturschönheiten, mit einer einzigartigen Vegetation und Tierwelt ausgestattet. Die Gründungsväter des Staates, der auf der anderen Seite des Globus einen ganzen Kontinent einnimmt, waren britische Sträflinge.

Als der berühmte Kapitän James Cook 1770 die Ostküste Australiens erreichte und das Land als „Neusüdwales" formell für die britische Krone in Besitz nahm, maß er seiner Entdeckung keine große Bedeutung bei. Cook war beileibe nicht der erste Europäer, der den Kontinent betreten hatte, doch die Kolonialmächte der Alten Welt brachten „Neuholland", wie das Land seit den Erkundungsfahrten holländischer Seefahrer im frühen 17. Jh. hieß, nur wenig Interesse entgegen: Zu abseits lag Australien von den bekannten Zentren des Handels und den Segelschiffrouten, zu ungastlich erschien über weite Strecken die Küste mit ihren gefährlichen Korallenriffen und den Mangrovensümpfen, und zu unwirtlich wirkte das wüstenhafte Hinterland. Auch Cooks Entdeckung blieb deshalb zunächst ohne Folgen. Der Dornröschenschlaf Australiens in der ozeanischen Isolation des Südpazifik dauerte bis zum Jahr 1788, als eine kleine britische Flotte mit über 700 Sträflingen an Bord die Ostküste von Neusüdwales erreichte. Die Kolonisierung des Inselkontinents nahm ihren Lauf.

Australien ist ein Land mit ungeheuren Ausmaßen. 30mal so groß wie die Bundesrepublik Deutschland, leben in dem Staat nur ca. 16 Mio. Einwohner – weniger als in Nordrhein-Westfalen. Der Westteil des Landes ähnelt einer flachen Schüssel, die mit Felsen und Sand gefüllt ist. Während im Zentrum einige lebensfeindliche Wüsten liegen, sind die Küstenränder meist von undurchdringlichem Dickicht aus verkrüppel-

▲ *Von den 55 Känguruharten sind die kleinsten kaum größer als Ratten. Die größten können über 2 m hoch werden und mit ihren starken Hinterfüßen gewaltige Sprünge vollführen.*

ten Akazien und Eukalyptus bedeckt. Wie Inseln ragen darüber vereinzelt große Felsmassive auf, weithin sichtbare Landmarken und Kultplätze für die Ureinwohner. Die tiefsten Senken der Schüssel nehmen Sümpfe ein, in denen die meist nur periodisch fließenden Flüsse enden. Nur der Osten, in dem ein breiter Gebirgsgürtel die Pazifikküste begleitet, ist ausreichend feucht und deshalb mit üppigen Wäldern überzogen.

Bemerkenswert sind heute noch die Leistungen, die Forscher bei den Durchquerungen vollbrachten: Der Brite Eyre schaffte sie unter großen Entbehrungen 1840–1841 von Ost nach West. Ein von ihm entdeckter, abflußloser See, der zeitweise völlig austrocknet, trägt heute seinen Namen. Beim Versuch einer weiteren Durchquerung verschwand der deutsche Forscher Ludwig Leichhardt 1848 spurlos. Die erste erfolgreiche Durchquerung des Kontinents in Süd-Nord-Richtung gelang 1862 dem britischen Forscher John McDouall Stuart.

▶ *Katajuta, „viele Köpfe", nennen die Ureinwohner die Bergformation der Olgas im Herzen Australiens. Wie der 30 km entfernte Ayers Rock auch, sind die beklemmend schönen Olgas für die Aborigines heilige Stätten.*

▲ *Götter, Dämonen und Ahnen: Die bis zu 20 000 Jahre alten Felsbildgalerien der Aborigines im nordaustralischen Kakadu National Park wurden von der UNESCO in die Liste des Weltkulturerbes aufgenommen.*

Australiens Arche Noah
Eine erstaunliche Tierwelt

Auch heute noch ist jeder Ausflug ins *Outback*, wie die entlegenen Regionen des Kontinents genannt werden, risikoreich. Große Gebiete sind mit undurchdringlichem Dickicht überzogen, andere tragen Stachelschweingras, dessen Blätter tiefe Wunden verursachen können. Obwohl größere Raubtiere fehlen, muß man sich vor vielen extrem giftigen Schlangen hüten. Sogar Ameisen können hier dem Menschen gefährlich werden. Giftige Bulldogameisen, die Giftstacheln tragen und fast maikäfergroß werden, kommen nur in Australien vor. Die Tiere Australiens, größtenteils Pflanzenfresser, müssen auf der Suche nach Nahrung meist weite Strecken zurücklegen. Viele Lebewesen entwickelten im Lauf langer Zeiträume erstaunliche Fähigkeiten bei der Anpassung an die extremen Umweltbedingungen. Bestimmte Fischarten entgehen der tödlichen Hitze des Sommers nur, indem sie sich im warmen Sand eingraben; manche Säugetiere, wie z. B. der Koala, lernten, ohne Wasseraufnahme zu überleben.

Die ursprünglichen Lebewesen dieses von drei Ozeanen umspülten Kontinents waren jahrmillionenlang vom Rest der Erde isoliert. Als Folge davon schlug die Entwicklung vieler Tier- und Pflanzenarten eine völlig andere Richtung ein als auf den anderen Kontinenten. Ein besonders interessantes Beispiel dafür ist das Schnabeltier, das als Säugetier noch Merkmale eines Reptils aufweist: Es legt Eier und säugt seine Jungen. Anderen Tieren gelang es, durch Veränderung ihrer Größe oder den Wechsel des Lebensraums die Anpassung an oft schwierigste Lebensverhältnisse zu erreichen. Der Ameisenigel besitzt Stacheln auf seinem Rücken und eine sehr lange Schnauze, mit der er in die Ameisennester eindringen kann. Die Flügel des Emus wurden immer kleiner und schwächer, seine Beine hingegen immer muskulöser – auf diese Weise kann er rasch durch die Strauchvegetation laufen. Im warmen Wasser des Pazifischen Ozeans bauten Milliarden von Polypen ein Korallenriff, das über 2000 km lang ist. In den Lagunen leben mehr als 14 000 Arten von Meerestieren, die in ihrer Farbenpracht mit den bunten Korallen wetteifern. Vor allem aber sind es die vielen Beuteltiere, allen voran das Känguruh, die Australiens Tierwelt so einmalig machen.

Die Ureinwohner
Leben in Harmonie mit der Natur

Inmitten dieser erstaunlichen Natur, die durch die Jahrtausende fast unverändert erhalten geblieben ist, leben seit mindestens 40 000 Jahren die Aborigines, die Ureinwohner Australiens. In den Augen der europäischen Seefahrer, die bei ihren Entdeckungsreisen zum erstenmal auf Eingeborene trafen, wirkten die Aborigines so „erbärmlich" wie ihr Land, an dem lange Zeit niemand größeres Interesse zu haben schien.

Die nomadischen Ureinwohner, deren Zahl vor der Ankunft der Europäer auf 300 000 geschätzt wird, blieben danach noch viele Jahre lang unbehelligt. Als Sammler und Jäger durchstreiften sie das riesige Land, weder an materiellem Besitz noch an irgendeiner Art von Fortschritt interessiert, sondern nur an der bestmöglichen Anpassung an die Natur. Ihr Verharren in sogenannten „primitiven" Lebensformen gründete auf ihrer mythischen Einstellung, die den Menschen, die Natur und das Land als untrennbar miteinander verknüpft betrachtet. Ein zentraler Begriff ihrer Gedankenwelt war und ist die „Traumzeit". Diese ist für sie der Anfang aller Zeit und zugleich immer gegenwärtige, zeitlose Erfahrung, die Vergangenheit, Gegenwart und Zukunft umschließt. Die Stammesältesten waren Hüter der Traditionen und übermittelten durch komplexe Initiationsrituale die geheimen Stammesmythen an ihre Nachfahren. Auch Felszeichnungen dienten der Bewahrung und Weitergabe dieser alten Überlieferungen.

Strenge Stammesgesetze regelten das Leben in festgelegten Gebieten, und nur selten kam es zu ernsten Auseinandersetzungen zwischen den einzelnen Stämmen. Erst nach dem Einbruch der Weißen in ihre Welt, die diese Gesetze brachen, wurden auch unter den Aborigines häufiger blutige Kämpfe ausgetragen. Von den Weißen stark dezimiert und entwurzelt, wurden sie immer weiter ins Landesinnere Australiens zurückgedrängt.

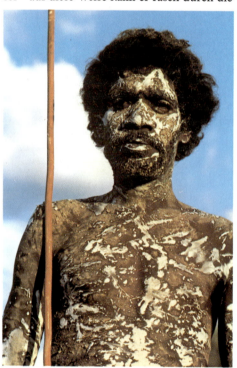

▲ *Einige der letzten reinrassigen Ureinwohner Australiens jagen bis zum heutigen Tag noch mit Wurfspeeren.*

▶ *Für bestimmte Zeremonien wie z. B. die Initiationsriten, die die Einführung der Jugendlichen in den Kreis der Erwachsenen bewirken, bedecken die Aborigines ihre Körper mit Schlamm.*

▲ *Wie eine gewaltige, zu Stein erstarrte Meereswoge wölbt sich der Wave Rock, eine von der Erosion geschaffene Felswelle, nahe dem westaustralischen Städtchen Hyden 15 m hoch über die Ebene.*

Heute leben in Australien etwa 145 000 Aborigines; erst Ende der 60er Jahre erhielten sie Bürgerrechte und soziale Sicherheit. 1976 wurde ihnen das Recht auf Grundbesitz zugestanden. Das Schicksal der australischen Ureinwohner ist mit dem der Indianer Nordamerikas vergleichbar, und trotz gewisser Bemühungen von staatlicher Seite um Wiedergutmachung kam es doch bis in die neueste Zeit immer wieder zu Ressentiments der Weißen gegen die Aborigines, beispielsweise im Zusammenhang mit der Anlage von Bergwerken in unmittelbarer Nähe von Reservaten oder von neuen Bahnstrecken, die ihre traditionellen Jagd- und Wandergebiete zerstören.

Die britische Strafkolonie
Ein Volk von Zwangsarbeitern

Die Bucht, in der Kapitän Cook am 29. April 1770 vor Anker ging, liegt nicht weit von Sydney entfernt. Cook taufte sie auf den Namen Botany Bay, weil sein Steuermann, ein bedeutender Botaniker, von der üppigen, fremdartigen Vegetation entzückt war. In London hatte man allerdings keinerlei Interesse an Pflanzen und Tieren. Die britischen Kolonien in Nordamerika rebellierten gegen ihr Mutterland, und die Engländer wußten nicht, wohin mit den Straftätern und den vielen politischen Gefangenen, die sie bis dahin nach Neuengland deportiert hatten. Die Regierung beschloß, diese Leute ans andere Ende der Welt zu schaffen.

Im Mai 1787 verließen neun Schiffe mit 750 Gefangenen, eskortiert von zwei Kriegsschiffen, den Hafen von Plymouth. Acht Monate später kamen sie in der Botany Bay an. Da der Leiter der Expedition, Kapitän Arthur Phillip, mit den örtlichen Gegebenheiten nicht zufrieden war, wählte er einige Kilometer nördlich Port Jackson als Platz für die neue Siedlung, aus der später Sydney hervorging.

Die ersten Jahre waren hart. Die Soldaten verweigerten die Arbeit, und die Gefangenen scheuten die Schufterei mehr als die Peitsche. Unter ihnen befanden sich zweifellos einige Schwerverbrecher, doch in der Mehrheit waren diese Leute eher kleine Gauner, Wilderer, Brot- und Taschendiebe. Auch ein paar Angehörige der höheren Stände waren unter ihnen, außerdem eine stattliche Zahl

◀ *Die australische Landschaft ist reich an spektakulären Naturphänomenen (die Pinnacles im Nambung National Park bei Perth).*

von aufständischen Iren. Mit Beharrlichkeit und Weitblick gelang es Kapitän Phillip schließlich, die Grundlagen für die Stadt zu schaffen, die den Namen Sydney erhielt. Das Gelände nahm er allerdings nach Kolonialherrenmanier, ohne Verhandlungen mit den Aborigines zu führen, einfach in Besitz.

Entlassenen Häftlingen gewährte man schließlich Land- und Bürgerrechte, um der um sich greifenden Korruption, Gewalttätigkeit und Habgier entgegenzuwirken. Einer

▲ Im Nirgendwo des Outback. Leuchtendroten Lateritkrusten verdankt die Wüste im Innern Australiens den Namen „das rote Herz".

der frühen australischen Gouverneure, MacArthur, ließ aus Schottland Merinoschafe importieren, denen Australien einmal seinen ersten Reichtum verdanken sollte.

Sydney dagegen wuchs und gedieh dank der Robben- und Waljagd; die Stadt zählte bald 10 000 Einwohner. Viele der ehemaligen Strafgefangenen und deren Nachkommen waren mittlerweile zu wohlhabenden und geachteten Bürgern geworden.

Feindliche Wüsten
Für die Abenteurer eine Hölle

1813 gelang den weißen Siedlern zum erstenmal die Überquerung der Bergkämme der Blue Mountains, die westlich von Sydney wie eine Mauer aufragen. Damit war der Weg in das Innere Australiens frei. Diese Gebiete zu erforschen erforderte oft noch mehr Mut als

die Entdeckungsreisen zur See. Von ihrem Forscherdrang getrieben, betraten die ersten Weißen eine grenzenlos scheinende Weite, ohne zu ahnen, was sie erwartete.

Mit aus Afghanistan eingeführten Kamelen als Tragtieren und von einheimischen Führern begleitet, suchte eine der ersten Expeditionen das große Binnenmeer, das irrtümlich im Herzen Australiens vermutet wurde. Mehr und mehr erwies sich dieses

AUSTRALIEN / 15

▲ *Am Rand der inneraustralischen Wüsteneinöde durchsetzen Salzflächen die kargen Trockensavannen, auf denen große Rinderherden das spärliche Grün abweiden.*

Ziel ebenso als ein Hirngespinst wie die fruchtbare, grüne Weidelandschaft, die man in Inneraustralien wähnte.

1830 machte sich Charles Sturt mit einer Gruppe von Männern und einem Boot auf eine Entdeckungsreise und stieß auf den Murrayfluß, auf dem er fast bis an die Küste Südaustraliens vordrang. Es gelang ihm jedoch nicht, bis ans Meer vorzustoßen, und Sturt mußte mit seinen Leuten gegen den Strom zurückrudern. Erschöpft und teilweise erblindet, kehrten die Männer dieser Expedition nach Sydney zurück. Der deutsche Forscher Ludwig Leichhardt, der 1847 aufgebrochen war, um Australien von Osten nach Westen zu durchqueren, verschwand spurlos in der Wildnis. Eine andere Forschergruppe, geführt von dem Engländer John Eyre, legte 1840 über 2000 km zu Fuß zurück, ohne auch nur auf einen kleinen Wasserlauf zu stoßen. Die Expedition erbrachte den Beweis, daß das Herz des Kontinents Australien lediglich aus einer unendlichen, stummen Einöde und einem riesigen Salzsee bestand, der 12 m unter dem Meeresspiegel liegt und in dem kein Leben möglich ist. Heute trägt dieser See den Namen des englischen Expeditionsleiters.

Die 1835 gegründete Stadt Melbourne, die damals schon mit Sydney rivalisierte, unterstützte 1860 eine von dem Iren Robert O'Hara Burke geplante Expedition mit einer Summe von 12 000 Pfund. Burke kam bis zum Carpentariagolf im äußersten Norden, doch auf dem Rückweg verfehlte er am Ufer des Cooper Creek ein mit einem Provianttransport verabredetes Treffen um nur einen Tag. Ohne Orientierung irrten Burke und seine Gefährten durch die Wüste. Die Kamele starben vor Erschöpfung, die Pferde wurden nacheinander aufgegessen, und nur ein einziges Mitglied der Gruppe wurde von Aborigines gerettet.

Viele heutige Landschaftsnamen in Australien erinnern an jene Helden der ersten Stunde, die unter großen Entbehrungen den Weg in das Innere des Kontinents öffneten.

Herden und Hirten
Die erste Erschließung

Bis auf die unzugänglichen Wüsten wie die Simpson- und die Gibsonwüste und die völlig baum- und flußlose Nullarborebene, die teilweise von urzeitlich anmutenden Tieren wie Waranen, sehr großen Echsen, sowie von Schlangen und Millionen von Vögeln bewohnt werden, war der größte Teil der küstennahen Gebiete des australischen Kontinents um 1860 bekannt. Nun wurde der Kontinent in Einzelstaaten aufgeteilt, deren Grenzen mit dem Lineal auf der Karte gezogen wurden. Nur im dichter besiedelten Südosten orientiert sich die Grenze Victorias am Verlauf des Murray, des wasserreichsten Flusses Australiens. Die Schafe paßten sich ihrer neuen Umgebung erfolgreich an, und ihre Wolle wurde immer besser. Die Züchter trieben ihre zunächst relativ bescheidenen Herden von 600 bis 700 Tieren in die spärlich bewachsenen Savannen, wo die raren Wasserplätze die Hirten ebenso zu einem Nomadenleben zwangen wie die Ureinwohner. Die Hirten schliefen neben dem offenen Lagerfeuer, in dessen Asche sie ihr Fladenbrot buken. An der Hüfte trugen sie in einer Jagdtasche den kleinen Kessel für den schwarzen Tee. Konservendosen mit Rind-

fleisch dienten später als Kochtöpfe für Känguruhschwanzsuppe oder gedünstete Eidechsen. So zogen diese Männer von Herde zu Herde, oft zu zweit, um den Gefahren der Wildnis besser standhalten zu können.

Der Outback
Das Reich der Cowboys

Den Schafen folgten die Rinder, robuste, aus Indien eingeführte Rassen, denen die Trockenheit und die spärliche Nahrung nicht viel ausmachten. Anfangs ließ man sie frei um-

16 / AUSTRALIEN

▲ *Die mit Eukalyptuswäldern bedeckten Blue Mountains westlich von Sydney bilden eine natürliche Barriere zwischen dem dichtbevölkerten Küstenstreifen und der riesigen Einöde des Inlandes.*

herstreifen, doch später wurden sie in großen *Stations* (Rinderfarmen) zusammengetrieben, die immer in der Nähe von Brunnen angelegt wurden. Wegen der Trockenheit blieben sie meistens in der Nähe von Wasserstellen, an denen sie abends jedoch oft riesigen Kakaduschwärmen weichen mußten, die sich kreischend dort versammelten, um ebenfalls ihren Durst zu löschen. In der Weite des ungenutzten, dadurch aber auch für Abenteurer aller Art offenen Outbacks besetzten die Viehzüchter gewaltige Gebiete, auf denen sie pro Station bis zu 35 000 Rinder hielten. Einer dieser Großgrundbesitzer, der vom britischen König in den Adelsstand erhoben wurde, konnte 2000 km weit reiten, ohne sein eigenes Land zu verlassen.

Die *Stockmen*, die australischen Viehhirten oder Cowboys, zogen mit ihren Herden von einer Wasserstelle zur anderen. Mehrmals im Jahr trieben sie die Herden zu zentralen Schlachtplätzen; von dort wurde das Fleisch zu den Häfen transportiert.

Aus zahlreichen Westernfilmen kennen wir das rauhe Leben der nordamerikanischen Cowboys, ihre langen Trecks mit den Tieren, aber auch ihre Rodeos und Feste. Das viel weniger bekannte Cowboyleben in Australien war wesentlich beschwerlicher. Die Entfernungen sind hier größer, und es ist sehr viel heißer. Wie im 19. Jh. in Nordame-

▶ *Majestätisch erhebt sich der kolossale Monolith Ayers Rock aus der flachen Wüstenlandschaft. 350 m hoch ragt der Inselberg – nach dem weniger bekannten Mt. Augustus in Westaustralien der zweitgrößte einzelne Felsbrocken der Welt – über die Ebene. Am Horizont erkennt man die Olgas.*

▲ *Obwohl ein Stahlseil das Besteigen des Ayers Rock erleichtert, ist der Aufstieg nicht ungefährlich.*

Die Städte
Bedeutende Häfen

Die moderne Geschichte Sydneys, der ältesten, größten und schönsten Stadt Australiens, begann, als Anfang des 19. Jh. Gouverneur MacArthur der Siedlung, die 1842 Stadtrechte erhielt, ein neues Gesicht gab, indem er breite Straßen, Krankenhäuser, Schulen und eine Rennbahn anlegen ließ. Man lebte stilvoll im damaligen Sydney: Zweimal im Monat veranstaltete der Gouverneur einen Ball; Kricket und die Känguruhjagd waren beliebte Unterhaltungen der Begüterten. Sydney erstreckt sich heute über ein Gebiet von 1735 km² und gilt als der beste natürliche Hafen der Welt.

Etwa 700 km südwestlich von Sydney gründeten an der großen Bucht, die der englische Seefahrer Matthew Flinders 1802 entdeckt hatte, im Jahr 1835 von Tasmanien eingewanderte Farmer mehrere Siedlungen. Eine von ihnen, Melbourne, entwickelte sich zu einer Großstadt mit heute 2,94 Mio. Einwohnern. Melbourne ist das Zentrum von Victoria und die bedeutendste Stadt Australiens nach Sydney. Von 1903 bis 1927 war die Stadt Sitz des Bundesparlaments; sie gilt heute als Bildungszentrum und wichtigster Bankenplatz Australiens.

Die Städte Adelaide am St.-Vincent-Golf im Süden, Brisbane im Osten an der Mündung des gleichnamigen Flusses und Perth im Westen am Swan River lebten vom Seehandel, ebenso wie die Stadt Hobart in Tasmanien (im 19. Jh. Zentrum des Walfangs).

1851 wurde westlich von Sydney nahe Bathurst Gold gefunden. Ein wahrer Goldrausch brach los, und aus der ganzen Welt strömten Menschen in diese Region. Drei Jahre später wanderten sie in Scharen weiter in den Südwesten, in das Gebiet von Ballarat und Bendigo, wo wiederum Gold entdeckt worden war. Von dort stammt der „Welcome Stranger", das mit mehr als 70 kg Gewicht schwerste Nugget der Erde.

Innerhalb von 20 Jahren wurden ungefähr 100 t Gold in Australien geschürft. Häuser und Hotels schossen wie Pilze aus dem Boden, Straßen wurden angelegt, und wie in Kalifornien machte sich mit dem Wohlstand ein gewisser Luxus breit.

Dann plötzlich waren die zuerst entdeckten Goldvorkommen erschöpft. Neue, sensationell reiche Lagerstätten im Westen wurden entdeckt: in Coolgardie, wo es 1892 fünf Kirchen, ein Theater und 23 Hotels gab, in Kimberley im trockenen Nordwesten und auf der gegenüberliegenden Seite des Kontinents, bei Cooktown am Pazifik, wo sich mehr als 10 000 Chinesen ansiedelten.

Auch aus Europa kamen Schiffe voller Abenteurer und Habenichtse, die in Austra-

rika zogen auch in Australien Pioniere durch die Wildnis auf der Suche nach Land, das freigebig und oft mit einer Zugabe von Saatgut und Werkzeug zugeteilt wurde. Die neuen Siedler kamen aus Europa, hauptsächlich aus England, aus dessen Industriestädten sie vor der Armut geflohen waren, oder sie stammten aus dem von Hungersnöten heimgesuchten Irland. Das Leben dieser Menschen war hart und vielfach sehr entmutigend. Oft blieb monatelang der Regen aus, um sich dann bei sintflutartigen Wolkenbrüchen um so heftiger über das Land zu ergießen und ganze Ernten zu vernichten. Überdies drohten in dem noch weitgehend unzivilisierten Land viele andere Gefahren, namentlich von wilden Tieren wie z. B. giftigen Reptilien und den Dingos, verwilderten Hunden, die die Viehherden der Siedler empfindlich dezimieren konnten.

▲ *Termiten sind die Architekten unter den Insekten Australiens. Im Arnhemland im äußersten Norden des fünften Kontinents können ihre „Wolkenkratzer" imposante Höhen von 10 m erreichen.*

lien ihr Glück suchten. Nicht selten wurden sie Opfer von Spielleidenschaft, Prostitution und Raub; entmutigt landeten viele der Glücksritter schließlich in den Küstenstädten, wo das ständig wachsende Proletariat schon bald für sozialen Sprengsatz sorgte. Aber auch politisch Verfolgte der Revolution von 1848 in Deutschland zog es nach Australien, wohin sie liberale und soziale Ideen mitbrachten. Nachdem die Kolonien Neusüdwales, Queensland, Victoria, Süd- und Westaustralien sowie Tasmanien 1850 weitgehende Autonomie von Großbritannien erhalten hatten, wurde 1901 der Australische Bund gegründet.

Die Neubürger
Ein Kontinent braucht Menschen

Nach dem Zweiten Weltkrieg hatte Australien eine Bevölkerung vorwiegend britischer Herkunft von nur rund 7 Mio. Einwohnern, viel zuwenig, um die Entwicklung des Rie-

◀ *Zwar werden die Fundorte von Coober Pedy schon seit 1905 ausgebeutet, doch Wagemutige, die Hitze und Trockenheit nicht scheuen, finden dort auch heute noch Opale.*

senlandes voranzutreiben. Die Aborigines waren ins Landesinnere zurückgedrängt worden; die Chinesen und die aus dem Südseeraum stammenden Plantagenarbeiter hatte man größtenteils in ihre Heimatländer zurückgeschickt. Die restlichen Bewohner lebten entweder weit verstreut über das riesige Land oder aber in den Ballungszentren an der Küste. Erst allmählich begannen die Australier eine Gefahr und eine Schwäche in ihrer Isolation von der westlichen Welt zu erblicken. Ihrem großen, unterbevölkerten Land stand außerdem das übervölkerte Asien gegenüber. Im Ersten Weltkrieg hatte Australien aus Loyalität gegenüber der britischen Krone Freiwillige nach Europa geschickt. Im Zweiten Weltkrieg hatte die britische Flotte, selbst in die Enge getrieben, die Stadt Darwin ebensowenig vor der Bombardierung durch die Japaner schützen können wie vor der Kamikaze-Aktion eines japanischen Unterseebootes, das versucht hatte, den Hafen von Sydney in die Luft zu jagen.

Nach Kriegsende beschloß die australische Regierung, die Einwohnerzahl ihres

▲ *Diese sehr britisch anmutende Häuserreihe mit viktorianischen Giebeln und schmiedeeisernen Geländern steht in Paddington, einem der wenigen „alten" Stadtteile von Sydney.*

Landes drastisch zu erhöhen, und bald wurde damit begonnen, ganze Familien als Neubürger anzuwerben, u. a. aus Flüchtlingslagern vor allem in Europa. Facharbeiter und Akademiker, anfangs vor allem aus den nord- und mitteleuropäischen Ländern, denen bald Einwanderer aus den Mittelmeerländern folgten, strömten auf den australischen Kontinent. Melbourne wurde nach und nach zur drittgrößten griechischen Stadt der Welt, und in Canberra wurden zu den Wetten beim Pferderennen Plakate in Griechisch, Türkisch, Spanisch und Italienisch ausgehängt. Durch diese Einwanderer wurde die ursprünglich fast rein britische Bevölkerung um viele neue Elemente bereichert. Wie in kaum einem anderen Land ist die Zusammensetzung der Bevölkerung Australiens heute das Ergebnis systematischer Planung.

Die Neuaustralier sorgten auch für neue Anstöße in der Landwirtschaft: Im Norden von Queensland wurde Zuckerrohr angepflanzt, im Barossatal legten vor allem deutsche Einwanderer mit großem Erfolg Rebkulturen an. Während der Reisanbau in der feuchten, schwarzen Erde von Kununurra mißglückte, gelang es in Victoria, Olivenbäume anzupflanzen, deren Öl unter den Einwanderern aus Italien und Griechenland reißenden Absatz fand.

Der Zustrom von Einwanderern, deren Energie, Kraft, Erfahrung und Phantasie ermöglichten es dem riesigen, leeren Australien endlich, die bisherigen Widrigkeiten in den Griff zu bekommen. Die ersten, von Sträflingen gepflasterten Straßen, die Pfade, die die Kamele von Abenteurern im Outback getrampelt oder die die Scharen der Goldsucher in der Wildnis gebahnt hatten, wurden nun durch Autostraßen ersetzt.

Die Eisenbahn hatte sich über lange Zeit kaum weiter als 300 km von den großen Zentren aus ins Landesinnere vorgewagt, bis die Australier erkannten, daß Eisenbahngleise, durch Trockenheit und Wolkenbrüche weniger gefährdet als Straßen, die ideale Möglichkeit zur Erschließung des Landesinneren waren. Gegen Ende des 19. Jh. wurden innerhalb von 20 Jahren 16 000 km Eisenbahngleise in Australien verlegt.

Doch obgleich die australischen Züge schnell, modern und komfortabel sind, können sie bei den großen Entfernungen – von Norden nach Süden mißt das Land 3300 km, von Osten nach Westen 4500 km – heute nicht mehr mit den Luftverbindungen konkurrieren. Neben den vielen Linienmaschinen, die den Luftverkehr zwischen den Städten und Landesteilen aufrechterhalten, ist das Privatflugzeug für Industrie und Wirtschaft fast selbstverständlich. Auch die „fliegenden" Ärzte und Lehrer brauchen Flugzeuge, um ihre oft weit verstreut lebenden Patienten oder Schüler betreuen zu können.

Land voller Schätze
Metalle und Edelsteine

Flugzeuge und Hubschrauber benötigen die Australier nicht nur als Fortbewegungsmittel. Vor allem in der Landwirtschaft leisten sie gute Dienste, etwa beim Verteilen von Dünger, Saatgut oder Pflanzenschutzmitteln, aber auch beim Zusammentreiben der Herden. Darüber hinaus werden sie gebraucht, um Bodenschätze zu suchen und Abbaureviere zu überwachen..

1952 fand ein Viehzüchter im Westen des Landes blaugeädertes Gestein von einer auffällig roten Grundfarbe. Rein zufällig hatte dieser Mann einen der größten Bodenschätze Australiens entdeckt, nämlich riesige Vorkommen von Hämatit mit einem Eisengehalt von bis zu 64%.

Im Jahr 1915 stieß man in den Stuart's Ranges nordwestlich von Adelaide auf reiche Opalvorkommen. Doch diese sind bei weitem nicht der wertvollste Schatz, den die Erde Australiens preisgegeben hat. Zwischen den mächtigen Termitenhügeln des

Nordterritoriums liegt ein riesiger Vorrat eines der unentbehrlichsten Rohstoffe moderner Industrie: Bauxit, ein Verwitterungsprodukt aluminiumreicher Gesteine, aus dem mit Hilfe billiger Energie Aluminium erzeugt wird. Gewaltige Uranvorkommen haben in Australien eine rege Diskussion über Fragen der zivilen und militärischen Nutzung von Uran entfacht, während die übrigen großen Bodenschätze Australiens wie die reichen Vorkommen an Kobalt, Blei, Nik-

▲ *Der moderne Bau der Oper von Sydney entfaltet sich wie eine überdimensionale Blume vor der Harbour Bridge, die den Port Jackson überspannt.*

kel, Zink, Kupfer, Zirkon, Erdöl und anderen Rohstoffen die solide Basis für den Wohlstand des Landes bilden.

Das Fleisch, das die Viehzüchter produzieren, ist im Ausland hingegen nur noch schwer absetzbar. Das gleiche gilt für die einstige große Devisenquelle Wolle. Dennoch bringen beide Exportgüter dem Land alljährlich viele Millionen australischer Dollar ein. Sogar das Problem des Wassermangels im Binnenland scheint lösbar. Große Grundwasservorräte des artesischen Beckens, das sich im Landesinneren über eine Fläche von 1,3 Mio. km² ausdehnt, werden mit modernsten technischen Hilfsmitteln heute an vielen Stellen, wo die kostbare Flüssigkeit nicht vom Himmel fallen will, angezapft. Staudämme regulieren die unberechenbaren Flußläufe, und an den Küsten des Nordwestens stehen mittlerweile Anlagen zur Entsalzung des Meerwassers. Unter den geschickten Händen der heutigen Bewohner entwickelt die alte Erde des australischen Kontinents ihre enorme Wachstumskraft und gibt ihre Schätze frei. Die junge Nation profitiert dabei vom Erfahrungsschatz der Kulturen, aus denen ihre Einwanderer stammen, weshalb Australien heute eines der Länder mit dem höchsten Lebensstandard der Welt ist.

▲ *Das Parlamentsgebäude von Canberra ist der Sitz der australischen Bundesregierung.*

Sydney
Wirtschaftszentrum des Kontinents

Normalerweise ist Sydney die erste Stadt, die der Besucher aus Europa bei seiner Ankunft in Australien zu sehen bekommt, und fast alle Touristen staunen zunächst über die riesigen Ausmaße dieser Metropole, in der nahezu 3,5 Mio. Menschen wohnen (beinahe jeder vierte Australier). Zu beiden Seiten des supermodernen Zentrums, dessen Bauten aus Glas und Aluminium bis zu 47 Stockwerke hoch sind, breiten sich über einen Küstenstreifen von 80 km Länge die Wohngebiete rund um eine Bucht aus, die problemlos einigen tausend Schiffen Schutz bieten könnte, wie schon der englische Kapitän Arthur Phillip vor rund 200 Jahren feststellte. Viele Wohnhäuser sind weiß, hellgrün oder lila gestrichen und harmonieren mit den prachtvollen Blumengärten und den bonbonfarbenen Segeln in den Yachthäfen. Wie überall in Australien laufen auch in Sydney, das tagsüber vor Leben sprüht, die meisten Menschen leger gekleidet in Jeans, Hemd und Sandalen herum. Um fünf Uhr nachmittags jedoch leert sich das Stadtzentrum, weil dann die Pendlerströme von der Arbeit auf achtspurigen Autobahnen, auf Fähren und Hoovercrafts in die weitläufigen Vororte und Schlafstädte zurückfahren.

Canberra
Stadt der Gärten und Parks

Das Australian Capital Territory mit der Hauptstadt Canberra liegt wie eine Enklave im Bundesstaat Neusüdwales. Aufgrund einer tiefen Rivalität zwischen den beiden größten australischen Städten Melbourne und Sydney faßte die australische Bundesregierung 1908 den Entschluß, eine ganz neue Hauptstadt zu erbauen. Der Ort wurde mit großer Sorgfalt ausgewählt: eine öde, kahle Landschaft zwischen zwei sanft ansteigenden Hügeln, die im Winter sogar mit Schnee bedeckt sein können. Für die Planung wurde 1913 ein internationaler Wettbewerb ausgeschrieben, den der amerikanische Architekt Walter Burley-Griffin gewann. Da Raum im Überfluß vorhanden war, konnte er die Anlagen sehr großzügig planen und z. B. mitten in das Stadtzentrum einen künstlichen See legen. Die Verwirklichung dieses ehrgeizigen Plans wurde durch den Ersten Weltkrieg zeitweilig unterbrochen. Noch im Jahr 1925 war Canberra nicht mehr als eine riesige, stillgelegte Baustelle, und erst 1927 machte man sich an die Vollendung der Arbeiten. Zuerst wurde der Parlamentspalast fertiggestellt, von dem aus man über eine riesige Esplanade auf ein Gebäude blickt, in dem ein imposantes Kriegsmuseum untergebracht ist. Die Verwaltungsbehörde bezog ihr Quartier in einem Bauwerk mit Säulen aus rosa Sandstein. Ein hoher Wasserstrahl – der dickste der Welt – schießt aus dem mit Fischen besetzten, künstlichen See empor. Canberra schmückt sich mit ausgedehnten Grünflächen und einem botanischen Garten, der für seine Sammlung australischer Pflanzenarten berühmt ist. Einen besonderen Reiz verleiht dieser Stadt die Nähe des australischen Buschs. In den Vororten gehen Natur und Stadt fast fließend ineinander über. Gelegentlich kann es sogar vorkommen, daß dem Besucher ein Känguruh über den Weg hüpft.

Melbourne
Eine fast britische Großstadt

Melbourne ist die Hauptstadt des Bundesstaates Victoria, der im Jahr 1851 seine Unabhängigkeit von Neusüdwales erlangte, dessen Teil er bis dahin gewesen war. Von 1901 bis 1927 fungierte Melbourne als Hauptstadt Australiens. Die Tatsache, daß

▲ *Sport ist die große Leidenschaft der Australier, wie die Gesichter dieser jungen Fans erkennen lassen. Bei der Jugend sind besonders Tennis, Hockey und Fußball beliebt.*

der Staat Victoria nur ein Viertel der Größe des mächtigen Nachbarstaates aufzuweisen hat, kann seinen Stolz als kleiner Riese nicht schmälern. Mehr als ein Viertel der Australier leben in ihm und produzieren etwa ein Drittel der gesamten industriellen und landwirtschaftlichen Güter Australiens.

Mit ihren teilweise aus graublauem Naturstein errichteten Gebäuden, ihren großen Kirchen und der eher ruhig-bedächtigen Atmosphäre erinnern die älteren Teile von Melbourne immer noch ein wenig an das London der Queen Victoria. Riesige, moderne Gebäude, in denen sich Banken, Versicherungen und große Industrie- und Handelskonzerne niedergelassen haben, prägen allerdings heute die engbebaute und betriebsame City dieses wichtigen Handels- und Finanzzentrums, das sich bewußt von Sydney mit seiner lauten Begeisterung für Sport und Spektakel unterscheiden und seinen britischen Charakter bewahren will.

In einem Auditorium für 100 000 Zuschauer, dem Myer Music Bowl, werden Gratiskonzerte und Ballettvorführungen veranstaltet, und der Melbourne Cricket Ground faßt sogar 120 000 Zuschauer. In diesem Freizeit- und Sportgebiet fanden 1956 die ersten Olympischen Spiele in Australien statt.

Verbrannte Erde
Der trockene und ausgedörrte Süden

Konnte man in Südaustralien die Edelsteine einst angeblich vom Boden auflesen, so muß man heute schon tiefer graben, um sie zu finden. Wo früher eine Pickhacke ausreichte, benötigt man heute Bulldozer, es sei denn, man gräbt unter der Erde. Die Opalsucher von Coober Pedy in Südaustralien hacken zehn Stunden täglich im harten Boden herum und bekommen das grelle Sonnenlicht kaum zu Gesicht. In der kahlen Mondlandschaft über den Minen, in der die Temperatur bis auf fast 60 °C ansteigen kann, gibt es keinen Schatten. Das Leben findet unterirdisch statt, teils in Gängen, die so niedrig sind, daß man nicht aufrecht darin stehen kann, teils aber auch in ziemlich geräumigen Wohnhöhlen.

So bekannt Coober Pedy und seine Opale auch sein mögen – der ganze Stolz Südaustraliens sind die Weinberge, die im fruchtbaren südlichen Streifen dieses Wüstenstaates angelegt wurden. Im vorigen Jahrhundert ließen sich deutsche Lutheraner im Barossatal nieder und machten mit großer Ausdauer das Land urbar. Einige der ursprünglich deutschen Namen von Dörfern und Weinsorten sind während der Weltkriege geändert worden: Kaiserstuhl wurde zu Mount Kitchener, Blumburg verwandelte

▲ *Die neugotische Kirche der Strafkolonie Port Arthur auf Tasmanien, entworfen von einem deportierten Architekten, ist als Ruine zu einer Sehenswürdigkeit geworden.*

sich in Birwood. An Festtagen feiern die Nachkommen der deutschen Einwanderer immer noch ihre Heimatfeste mit ausgezeichneten Rieslingen und Silvanern.

Das sich in endlosen Mäandern dahinziehende und häufig ausgetrocknete Flußbett des Murray, des Grenzflusses zwischen Neusüdwales und Victoria, mündet in Südaustralien nach einem Lauf von etwa 2600 km ins Meer. Auf dem Murray kann man heute Touren mit Raddampfern unternehmen. Die australischen Flüsse winden sich ausnahmslos wie „Schlangen auf einer Ofenplatte" durch den Kontinent. Die Grenzen der australischen Bundesstaaten verlieren sich in der ungeheuren Weite der Steinwüsten und Savannen, wo sich gespenstisch weißrindige Eukalyptusbäume am leeren Horizont abzeichnen. Einsame Stockmen galoppieren durch den von Insekten wimmelnden Busch und stellen sich, wenn sie einem Flugzeug begegnen, in die Steigbügel, um mit ihren Hüten zu winken. An manchen Stellen wird die monotone Ebene von ungewöhnlichen, eindrucksvollen Naturmonumenten unterbrochen: Termitenhügeln oder Felssäulen. Die atemberaubende Schlucht Standley Chasm, in der die Sonne, wenn sie ihren höchsten Stand erreicht hat, ein Feuerwerk aus Licht entzündet, und Ayers Rock, der gewaltige Sandsteinblock, der sich wie eine Insel aus dem rauhen Gestrüpp erhebt und morgens wie abends im Schein der Sonne auflodert – das sind nur zwei der Naturwunder dieses gewaltigen Landes. Im „roten Herzen" des Kontinents taucht die Stadt Alice Springs wie eine Oase auf. Die heute sehr lebendige Stadt ist aus einer 1871 errichteten, völlig isoliert gelegenen Telegrafenstation an einer Wasserstelle entstanden, die – allen gewaltigen Entfernungen und der unmenschlichen Hitze zum Trotz – die Verbindung von Küste zu Küste aufrechterhalten sollte.

Tasmanien
Grüne Küste und imposante Berge

Tasmanien, größte Insel vor der Südküste des australischen Kontinents, unterscheidet sich durch seine Landschaft, sein frisches Klima, viele Flüsse mit eindrucksvollen Wasserfällen und eine artenreiche Fauna und Flora stark von Australien. Schon die Urbevölkerung Tasmaniens, im vorigen Jahrhundert von den Kolonisten völlig ausgerottet, gehörte einer anderen Rasse an als die Aborigines Australiens.

In den dichten, unbewohnten Wäldern im Südwesten der Insel lebt noch eines der seltsamsten Tiere Australiens, der gefräßige tasmanische Beutelteufel, ein dachsähnliches Beuteltier mit großem Kopf. Möglicherweise existieren auch noch wenige Exemplare des Beutelwolfs, der zu Anfang dieses Jahrhunderts so gut wie ausgerottet wurde.

Die bunten Dörfer und „historischen Orte" an der Ostküste wurden zum großen Teil von ehemaligen Strafgefangenen gegründet, die auch hier die ersten Kolonisten waren. Von der einst größten australischen Sträflingskolonie Port Arthur ist dort nur eine Ruine übrig. Ein beliebtes Fotomotiv der Touristen sind die Reste einer Kirche im neugotischen Stil, die um 1840 erbaut wurde und in ihrem heutigen, verfallenen Zustand die Ausstrahlung eines historischen Monuments hat. Aus einer Sträflingssiedlung an der Sullivans Cove entstand Anfang des 19. Jh. als Hafen und Stützpunkt der Walfänger die Stadt Hobart, heute Hauptstadt des Inselstaates. Hinter den Lagerhallen von Salamanca Place liegen unter blühenden Akazien die malerischen Häuschen der Battery versteckt. Man findet stille Gäßchen mit bonbonfarbenen Giebeln, und in den Häusern duftet es nach Lavendel. In der Villa Naryna, einem zum Museum hergerichteten Patrizierhaus, kann man eine vollständige viktorianische Wohnungseinrichtung bewundern.

Tasmanien bewahrt auch in seinem Dialekt alte Worte und Redewendungen und läßt in viel stärkerem Maß, als es die Renovierungsbemühungen in der Altstadt von Sydney oder in den alten Goldgräberstädten vermögen, auf nostalgische Weise die Vergangenheit wiederaufleben.

Das Große Barriereriff
Ein Naturwunder ersten Ranges

Vor der Küste von Queensland liegt im Pazifischen Ozean ein riesiges Riff, mit dem schon Kapitän Cook unangenehme Bekanntschaft machte. Er war in den Kanal eingefahren, der sich 2000 km an der Küste von Queensland entlangzieht und hinter dem sich eine gigantische Kette von Korallenriffen befindet, der man den Namen Großes Barriereriff gab. Kleine Inseln mit glatten Stränden unter dem seidigen Haar der vom Wind geschorenen Kasuarinenbäume, gesättigt mit dem Duft von Orchideen, erheben sich wie Lotusblumen aus den transparenten Küstengewässern, in deren Tiefen man rätselhafte Bauwerke zu erkennen glaubt, von komplexerer Struktur und üppiger verziert als die Tempel Asiens. Dies ist eine Welt vielfältiger Geschöpfe, bunter Fische, Schnecken und Krebse, vor allem aber der Korallentiere, die Kalk aus dem Meerwasser aufnehmen und dadurch in Jahrmillionen dieses bizarre untermeerische Wunderwerk aufgebaut haben.

Der faszinierende australische Kontinent mit seiner urtümlichen Tierwelt einerseits und dem erst beginnenden Aufbruch ins Morgen andererseits zeigt sich hier von einer völlig anderen Seite. Man vergißt Vergangenheit und Zukunft, um die Sonne, das Meer und den Augenblick zu genießen.

▶ *Die Insel Heron ist eines der zahllosen Korallenriffe, die zusammen das Große Barriereriff vor der Küste von Queensland bilden.*

▶▶ *Der an einen Teddybär erinnernde Koala, der sich ausschließlich von Eukalyptusblättern ernährt, ist neben dem Känguruh zweifellos das bekannteste Beuteltier Australiens.*

▲ *Die Maori sind die Nachfahren der Einwanderer, die Neuseeland vor rund 1000 Jahren von Polynesien aus besiedelten. Reichverzierte Säulen schmücken das große Versammlungshaus, das Zentrum der Dorfgemeinschaft.*

Neuseeland

Die Doppelinsel im Südpazifik, Heimat unserer Antipoden, wartet nicht nur mit einer Fülle unterschiedlicher Landschaftsformen auf, sondern birgt auch Pflanzen- und Tierarten, die es nirgendwo sonst auf der Erde gibt.

HÜHNERGROSS, langschnäblig und mit einem unscheinbar dunkelbraunen, haarartigen Gefieder ausgestattet – eine Schönheit ist das flugunfähige, leicht pummelig wirkende Nationaltier Neuseelands, der Kiwi, wirklich nicht, was die Bewohner des Inselstaates jedoch nicht daran hindert, sich in Anlehnung an den scheuen, nachtaktiven Vogel selbst gerne als „Kiwis" zu bezeichnen. Zum Kuriositätenkabinett der Fauna Neuseelands gehören auch der Kakapo oder Eulenpapagei, ebenfalls ein flugunfähiger Nachtvogel, der spaßige Kea, eine interessante Bergpapageienart, und die seltene Brückenechse, deren nächste Verwandte die vor langer Zeit ausgestorbenen Dinosaurier sind. Gemeinsam ist all diesen und vielen anderen Tierarten des Antipodenlandes, daß sie nur hier natürlich vorkommen.

Die Jahrmillionen währende Isolation Neuseelands von anderen Landmassen bewirkte, daß die Natur auf der Doppelinsel eine andere Richtung einschlagen und Formen entwickeln konnte, die auf anderen Kontinenten unbekannt sind. Abgesehen von zwei Fledermausarten, lebten bei der Ankunft der ersten Menschen auf Neuseeland keine Säugetiere; das gleiche traf auf Schlangen zu. Sofern sie nicht schon Laufvögel gewesen waren, hatten viele Arten im Lauf der Zeit ihre Flugfähigkeit eingebüßt, da ihnen von natürlichen Feinden wie etwa räuberischen Kleinsäugern keine Gefahren drohten. Unbehelligt von fremden Nahrungskonkurrenten, konnten sie ihre Le-

▲ *Der Kiwi, das Nationaltier von Neuseeland, ist ein äußerst scheuer Laufvogel, der nur nachts aktiv ist und mit seinem langen Schnabel den Boden nach Nahrung durchstochert.*

bensräume „zu Fuß" erobern. Manche, wie der bis 3 m hohe, straußenähnliche Moa *(Didornis giganteus)*, wuchsen zu regelrechten Riesen heran. Das Schicksal des im 17. Jh. ausgerotteten Moa, des größten Vogels, der jemals lebte, verdeutlicht aber auch die Nachteile der Anpassungsleistungen dieser Inseltiere an ihre Umgebung: Nur allzu leicht fielen sie fremden Eindringlingen zum Opfer. Bereits die ersten polynesischen Einwanderer machten Jagd auf den Riesenvogel, ernährten sich von seinem Fleisch und verwerteten seine Haut und seine Knochen. Wenige Jahrhunderte nach dem Eintreffen der Maori war der Moa ausgestorben. Später forderten von britischen Siedlern eingeführte Säugetiere wie Katzen, Wiesel oder Ratten ihren Tribut von den Vögeln. 35 der ursprünglich ca. 300 Vogelarten existieren heute nicht mehr. Die Neuseeländer haben zum Schutz ihrer Tiere zwölf Nationalparks eingerichtet, in denen auch die nicht minder einzigartige Pflanzenwelt des Landes, darunter baumgroße Farne und Mammutfichten, unter staatliche Obhut gestellt wurde.

Im Land der Antipoden
Die neuseeländische Bevölkerung

Als Antipoden bezeichnet man diejenigen Menschen, die vom Standpunkt des Betrachters aus genau entgegengesetzt auf der anderen Seite der Erde leben. Unsere Antipoden sind die Neuseeländer, die zu 86% von britischen Einwanderern abstammen. Die Maori, deren Integration in die neuseeländische Gesellschaft verhältnismäßig gut vollzogen wurde, stellen 9% der Bevölkerung. Nachdem es im 19. Jh. so schien, als würden die Maori aussterben, zeigt die Regierung des Landes heute viel Interesse für das kostbare Kulturgut der Eingeborenen. Ihre Sitten und Gewohnheiten werden allgemein respektiert, und ihre Sprache wird inzwischen in den Schulen als gleichberechtigte Unterrichtssprache neben dem Englischen anerkannt. Die Maori haben ihrerseits Elemente der Kultur der Weißen aufgegriffen.

Die Neuseeländer sind ein gastfreies, offenes und unkompliziertes Volk, zu weit vom Rest der Welt entfernt, um allzu neugierig auf Dinge zu sein, die sie nicht unmittelbar betreffen. Ihren Entdeckerdrang können sie ohnehin auf ihren eigenen Inseln ausleben. Von Kap Reinga im äußersten Norden bis zur kleinen Stewartinsel im Süden erforschen sie ihr vielfältiges Land, besteigen Berge, fischen Lachse und Forellen in den Seen und jagen im offenen Meer den Mako-Hai, der bis zu einer halben Tonne schwer werden kann. Neuseeland ist ein Paradies für den sportlichen Aktivurlauber ebenso wie für den Naturliebhaber.

Überall sind Wanderrouten angelegt, angenehme Spazierwege und steile Bergpfade mit Wanderstrecken, die teilweise über 50 km lang sind. Auf diesen Wegen darf man keine Waffen tragen und kein Feuer anzünden; man wird ermahnt, „nichts zurückzulassen außer den eigenen Fußspuren und nichts mitzunehmen außer seinen Fotos". Europäische Naturschützer hätten ihre Freude an dieser Vorschrift.

Nach dem Ende der britischen Kolonialherrschaft 1907 erhielt Neuseeland im Jahr 1931 durch das vom britischen Parlament erlassene Westminsterstatut die Unabhängigkeit. Der Inselstaat besitzt die landschaftliche Vielfalt Europas, ist jedoch bislang von der Hektik der Alten Welt verschont geblieben. Bezeichnend ist vielleicht, daß ausgerechnet hier, bei den Antipoden, der Achtstundentag und die Fünftagewoche erfunden wurden. Den Neuseeländern geht ihre Freizeit über alles.

Wikinger der Südsee
Die Odyssee der Polynesier

Nachdem Tane, der Gott der Wälder, Himmel und Erde voneinander getrennt hatte und die Welt des Lichts geschaffen war, zwang Maui, der Halbgott, der den Menschen das Feuer brachte, die Sonne dazu, fortan über den Himmel zu kriechen, auf daß die Tage länger würden. Dann fing Maui einen großen Fisch, setzte seine Brüder auf den Rücken des Tiers und machte sich auf, einen Priester zu holen, der den Fisch weihen und gerecht aufteilen sollte. Doch Mauis Brüder waren hungrig und ungeduldig und fingen deshalb an, den Fisch aufzuessen. So erhielt die Nordinsel Neuseelands, die Maui aus der Tiefe des Ozeans emporgeholt hatte, durch die Zähne der ersten hungrigen Maori ihre zerrissene und zerklüftete Form.

▲ *White Island vor der Bay of Plenty ist ständig von Rauchwolken umhüllt. Neuseelands aktivster Vulkan hatte 1914 seinen letzten großen Ausbruch.*

Gewissen Überlieferungen der Maori zufolge erreichte ein legendärer Seefahrer und Entdecker namens Kupe um 950 n. Chr. die Ostküste der Insel und nannte das Land Aotearoa, was soviel bedeutet wie Land der langen weißen Wolke. Ob es sich bei Kupe um eine historische Gestalt handelt, ist allerdings umstritten. Er soll die wenigen Bewohner, die er auf der Insel vorfand (möglicherweise Papua), vertrieben und sich ebenso wie sie von der Jagd auf den fast elefantenhohen Moa ernährt haben.

Auch die allgemein verbreitete Ansicht, daß Mitte des 14. Jh. ein Großteil der Maori in ihren *Pahi*, riesigen Doppelrumpfsegelschiffen, die mit Waffen, primitiven Werkzeugen sowie Yamswurzel- und Süßkartoffel-Saatgut beladen waren, in Neuseeland landeten, findet bis heute aus historischer Sicht keine Bestätigung.

Doch woher kamen diese „Wikinger der Südsee"? Wahrscheinlich von den Gesellschaftsinseln, möglicherweise auch von der Insel Tahiti, die in den Legenden der Maori Waitiki genannt wird und von der sie durch Krieg oder Hungersnot vertrieben worden sein sollen. Das Leben in ihrem neuen Heimatland muß für sie, die das milde Klima Polynesiens gewöhnt waren, hart und schwer gewesen sein. Der Moa war schon stark dezi-

NEUSEELAND / 31

▲ *Die Maori sind geborene Künstler; früher verzierten sie die Vor- und Achtersteven ihrer großen Kriegsboote mit dieser Art von durchbrochenen Schnitzereien (Auckland Museum).*

miert, weshalb sich die Einwanderer von Fischen und kleineren Vögeln ernährten, und wenn es zuwenig tierische Nahrung gab, aßen sie die Wurzeln der Riesenfarne. Metallverarbeitung und Töpferhandwerk kannten sie nicht. Waffen und Werkzeuge stellten sie aus gehärtetem Holz, behauenem Stein, Schildkrötenpanzern oder Knochen her.

Zum Weben und zur Herstellung von Matten und Seilen benutzten sie die Fasern einer Agavenart, die „neuseeländischer Flachs" genannt wird. Außerdem waren sie Meister in der Bearbeitung einheimischer Holzarten.

Tief verwurzelt in ihren Traditionen, bildeten sie Stammesgruppen, die den Namen der Schiffe trugen, mit denen sie gekommen waren. Die Krieger dieser Stämme waren stolz und rachsüchtig – die Blutrache (*Utu*) der Maori war ebenso gnadenlos wie die sizilianische Vendetta. Die Autorität des Häuptlings war unumstritten, durfte jedoch von keinerlei Makel befleckt sein. Die Stammeshierarchie fand ihren äußeren Ausdruck in der Kleidung und in Tätowierungen. Es gab zum Teil bizarre Tabus, denen jedoch meist hygienische oder soziale Motive zugrunde lagen. Nach den regelmäßig stattfindenden Kämpfen aß der Sieger oft den Besiegten auf, um sich dessen Kraft und Macht einzuverleiben, ein häufiges Motiv für den inzwischen ausgerotteten Kannibalismus.

1642 kam der holländische Seefahrer Abel Janszoon Tasman vor der Küste Neuseelands an, wurde jedoch durch Stürme und blutige Kämpfe mit den Maori in den Küstengewässern daran gehindert, an Land zu gehen. Deshalb brachte er lediglich eine vage Skizze von der Küstenlinie des entdeckten Landes mit, über dem die Sonne mittags von Norden her wärmte und das von den Holländern „Neu-Seeland" getauft wurde.

Ein gutes Jahrhundert später segelte James Cook nach Tahiti. Die ihn begleitenden Astronomen sollten von dort aus den Venusdurchgang vor der Sonne beobachten. Auf dem Weg dorthin steuerte Cook die Nordinsel von Neuseeland an und ging am 9. Oktober 1769 in der Poverty Bay vor Anker, wo heute Gisborne, die östlichste Stadt Neuseelands, liegt.

▲ *Vor der Ankunft der Briten waren die Maori die einzigen Bewohner Neuseelands. Heute machen die vor allem auf der Nordinsel lebenden Maori nur 9% der Bevölkerung aus.*

▲ *Die zerklüfteten Flanken und scharfen Spitzen der Bergketten der Remarkables auf der Südinsel schützen die Stadt Queenstown am Wakatipusee vor den Stürmen, die hier regelmäßig wüten.*

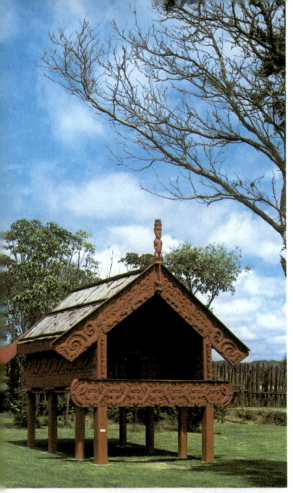

▲ *Ein Bauwerk auf Pfählen* (Pataca), *das den Maori als Vorratskammer dient. Die Balken sind meist mit Motiven und Figuren verziert, die die Geschichte des Dorfes erzählen.*

Cook bemühte sich von Anfang an um gute Beziehungen zu den Maori. In aller Ruhe umsegelte er sechs Monate lang die Inseln, vermaß und kartierte gewissenhaft die Küstenlinien (auf seinen Karten wurden später nur zwei Fehler entdeckt!) und kehrte später noch zweimal – 1773 und 1777 – nach Neuseeland zurück. Die heutige Cookstraße war sein bevorzugter Ankerplatz; von dort startete er und entdeckte im Januar 1778 die Hawaii-Inseln, auf denen er später wegen einer Bagatelle von einem Eingeborenen erschlagen wurde.

Zu dieser Zeit durchkreuzten auch andere Entdeckungsreisende dieses Gebiet, doch hatte offenbar niemand Interesse daran, die neuen Inseln in Besitz zu nehmen. Cooks Reisebericht über Neuseeland von 1777 löste dann eine wahre Einwanderungswelle unter den Briten aus. Als die Jagd auf Seehunde und Wale begann, ließen sich weitere Weiße in Neuseeland nieder – Flüchtlinge aus australischen Strafkolonien sowie Einwanderer aus Japan und in geringer Zahl auch vom amerikanischen Kontinent.

▶ *Port Lyttelton, der Hafen von Christchurch, ist von den für die Südinsel so typischen grünen Grasflächen umgeben.*

▲ *Das Maoridorf Whakarewarewa in der Nähe von Rotorua wurde gegründet, um die traditionellen Künste des Webens und Holzschnitzens zu pflegen.*

Die „Pakeha"
Die Ankunft der Weißen

Um 1800 wurde die Bay of Islands im äußersten Norden zum Ankerplatz der Waljäger. Die riesigen Wale wurden auf offener See harpuniert, ans Ufer geschleppt und dort in Stücke geschnitten. Anschließend wurde ihr Fett in riesigen Kesseln geschmolzen. Ein unerträglicher Gestank lag über dem ganzen Gebiet, und es wimmelte von ungehobelten, trunksüchtigen Seeleuten und Freibeutern. Oft kam es in diesen rauhen Zeiten zu Gewalttätigkeiten, denen viele Maori zum Opfer fielen. Um 1809 entschlossen sich die Maori zur Gegenwehr und Vergeltung: Sie plünderten die Siedlungen der Weißen, setzten sie in Brand und metzelten die ihnen verhaßten Bewohner nieder. Der Walfanghafen Kororareka, die heutige Stadt Russell, wurde von den Maori in Schutt und Asche gelegt. Doch die Bars, Spielhöllen und Bordelle waren schon bald wieder aufgebaut. Weiße schleppten Infektionskrankheiten ein, denen viele Maori zum Opfer fielen.

Die wilden Gesellen jener Pionierzeit machten die Maori jedoch auch mit der westlichen Lebensweise und mit neuen Werkzeugen und Waffen vertraut. Bald tauchten auf den Inseln Händler auf, die von den Eingeborenen den Agavenflachs kauften, der sich hervorragend zur Herstellung von Seilen und Trossen eignete. Auch die kostbaren neuseeländischen Holzarten wie die der Kauribäume wurden schnell zu einem begehrten Exportgut. Allmählich wurde das Leben der einheimischen Bewohner von der Kultur der *Pakeha* – der Maoriname für Weiße aller Nationalitäten – mehr und mehr beeinflußt und verändert.

Die englische Regierung bemühte sich um eine versöhnliche Politik gegenüber den ursprünglichen Bewohnern der Inseln. Kapitän William Hobson wurde ausgesandt, einen Souveränitätsvertrag mit den Maori auszuhandeln. Man garantierte ihren Landbesitz und sicherte zu, ihre Rechte und Sitten zu respektieren. England sollte das Vorkaufsrecht zum Erwerb von Grund und Boden in Neuseeland erhalten. Daraufhin erklärten sich im Februar 1840 500 Stammeshäuptlinge im Vertrag von Waitangi bereit, loyale Untertanen der englischen Krone zu werden.

Allerdings war den Maori wohl kaum klar, was dieser Vertrag wirklich beinhaltete, und sie hatten sicherlich nicht vorausgesehen, daß die Pakeha in so großer Zahl ins Land strömen würden.

Schon bevor Neuseeland 1840 zum Besitz der britischen Krone erklärt worden war, hatte Colonel Edward Gibbon Wakefield, der die Verarmung der englischen Arbeiterklasse während der Industrialisierung Großbritanniens scharf kritisierte und dessen Traum es war, in einem weit entfernten Land eine neue, gerechtere Gesellschaft zu gründen, seinen Bruder William Wakefield nach Neuseeland entsandt, um billiges Maoriland für die von ihm gegründete New Zealand Company zu kaufen. Wakefields Plan war, reiche Engländer dazu zu überreden, in Neuseeland fruchtbares Land zu kaufen und es an Immigranten zu verpachten, die es bearbeiten sollten. Doch der Vertrag von Waitangi, der ja das Recht der Maori auf ihr Land bestätigte, durchkreuzte Wakefields Pläne. Auf die riesigen Gebiete, die er im Auftrag seiner Geldgeber gekauft hatte, hatte man nach dem neuen Gesetz keinen Anspruch mehr. Inzwischen kamen jedoch die Schiffe mit den Immigranten an, die in diesem Land ihr Glück versuchen wollten.

Otago
Als der Goldrausch ausbrach

In zwei Kriegen (1843–1848 und 1860–1870) kam es dann zwischen den Maori und den Kolonisten zu erbitterten Auseinandersetzungen um den Besitz des Landes, wobei auf beiden Seiten viel Blut floß. Es waren ungleiche Kämpfe. Trotz vortrefflicher Strategie, großen Mutes und Ausnutzung ihrer Geländekenntnisse hatten die Maori gegen die englischen Soldaten nicht die geringste Chance. Hinter den Palisaden ihrer befestigten Dörfer (*Pa*), die mit Terrassen, Gräben und Brunnen ausgestattet waren, leisteten sie den Angriffen und Beschießungen der Engländer tapferen, in den meisten Fällen aber vergeblichen Widerstand.

Im Jahr 1881 kam es auf Wunsch beider Parteien schließlich zu einem dauerhaften Frieden; den Weißen war es gelungen, die militärische Gegenwehr der Maori endgültig zu brechen. Die Maori besaßen jetzt nur noch ein Sechstel ihres einstigen Terrains – fast nur unfruchtbares, bergiges Land.

▲ *Neuseeland ist der Welt größter Exporteur von Schaffleisch. Man schätzt, daß es auf dem Inselstaat etwa 70 Mio. Schafe gibt. In den letzten Märztagen, wenn die ersten Nachtfröste den Herbst auf der Südinsel ankündigen, werden die Herden in die Täler getrieben.*

Während man auf der Nordinsel noch um den Frieden rang, konnten die Kolonisten auf der Südinsel ungehindert ihren Wohlstand aufbauen. Doch dann traf es die Südinsel wie ein Blitzschlag: 1861 hatte der australische Einwanderer Gabriel Reed in Otago Gold gefunden. Innerhalb kürzester Zeit verbreitete sich die Nachricht von den Funden am Oberlauf des Tuapeka River im Land und über die ganze Welt. Bauern ließen ihre Herden im Stich, und von Transvaal bis Klondike machten sich Abenteurer und Glücksritter auf den Weg, die von der Gier nach dem gelben Metall besessen waren. Im Eiltempo wurden die Schluchten in der Umgebung der Fundstelle abgesucht, und auch dort fanden sich ergiebige Vorkommen. Andere Goldsucher durchwühlten den Flußsand nach Nuggets. Für ein Pfund Sterling erhielten Neuankömmlinge damals eine Goldgräberlizenz und das Stimmrecht bei den Gemeindewahlen. Die Bevölkerung

▶ *Diese eindrucksvolle, aber unwirtliche Landschaft des Fjordgebiets, die von heftigen Wolkenbrüchen, Stürmen und Steinlawinen heimgesucht wird, ist nahezu unbewohnt.*

▲ *In der Nähe des Vulkangebiets von Rotorua liegen inmitten von bewaldeten Hängen der blaue und der grüne See, beschauliche Oasen der Ruhe.*

der in der Nähe der Fundorte gelegenen Hafenstadt Dunedin im Südosten der Insel verdoppelte sich innerhalb eines Jahres auf 30 000 Menschen. In wenigen Jahren wurde Dunedin zur reichsten Stadt des Landes. Hier wurde auch die erste Universität Neuseelands gegründet.

Große Mengen des wertvollen Metalls wurden exportiert, und die Transporte durch das Landesinnere, wo Naturgefahren und Straßenräuber lauerten, wurden von berittener Polizei eskortiert. Aus dem Nichts entstanden Siedlungen mit primitiven Geschäften, die Werkzeuge, Baumaterialien und Nahrungsmittel – natürlich zu Wucherpreisen – verkauften, vor allem jedoch Bier und Branntwein. Es war eine fieberhafte, chaotische Zeit. Doch Mitte der 60er Jahre des vorigen Jahrhunderts waren die Goldvorkommen ziemlich erschöpft. Die Abenteurer zogen weiter, und genügsamere, aus China eingewanderte Goldgräber nahmen ihren Platz ein, um die bereits aufgegebenen Schürfgebiete nochmals zu durchsuchen. Die hölzernen Baracken der Goldstädte verfielen, die Flüsse strömten wieder ungestört dahin, und auf den Berghängen grasten wie vorher wieder die Herden – in Otago kehrten die Ruhe und Beschaulichkeit der alten Zeit wieder ein.

Schafe und Rinder
Neuseelands Existenzgrundlage

Die im letzten Jahrhundert aus Australien importierten Merinoschafe gediehen im feuchten, milden Klima Neuseelands ausgezeichnet. 1868 wurden die australischen Züchter sich jedoch plötzlich der Gefahr der Konkurrenz bewußt und stoppten die Ausfuhr von Zuchtböcken nach Neuseeland. Doch da war es schon zu spät. Heute gibt es in Neuseeland ungefähr 70 Mio. Schafe; rund 93 % der landwirtschaftlichen Nutzfläche sind Wiesen und Weiden. Nach der Erfindung des Gefrierverfahrens wurde die erste Ladung tiefgefrorenen Schaffleischs 1886 von Dunedin nach England befördert.

Von diesem Zeitpunkt an war nicht mehr nur die Wolle der Schafe, sondern auch ihr Fleisch ein wichtiger Faktor für die neuseeländische Wirtschaft. Doch dann plötzlich drohte den Herden von unerwarteter Seite eine ernste Gefahr: Um dem Wildmangel abzuhelfen, hatte man unüberlegt Kaninchen auf die Insel gebracht, die sich ihrem Ruf entsprechend rasant vermehrten. Bestimmte Hänge waren bald buchstäblich von Kaninchen übersät und völlig kahlgefressen. Zum Glück gelang es nach einiger Zeit, dieser Plage Herr zu werden.

Trotz des ständigen Immigrantenzustroms ist Neuseeland auch heute noch recht dünn besiedelt: Flächenmäßig etwas größer als die Bundesrepublik Deutschland, beherbergen die Inseln nur gut 3,31 Mio. Einwohner. Die Schafzüchter können ihre Tiere das ganze Jahr über ungestört auf riesigen Weideflächen grasen lassen, die teilweise auch in gebirgigen Gegenden liegen. Im Winter – während in Europa Sommer ist – werden die Herden in die geschützten Täler hinabgetrieben. Familienbetriebe halten gewöhnlich 15 000 – 20 000 Tiere, die immer zu bestimmten Zeiten von wandernden Scherern geschoren werden.

Ebenso wie das Scheren ist auch das Heruntertreiben der Herden aus den Bergen eine Zeit fieberhafter Aktivität. Zunächst werden die auf den Hängen grasenden Tiere mit Helikoptern zusammengetrieben. Anschließend kommen Hunde zum Einsatz, die die Schafe mit lautem Gebell zusammenhalten und Nachzügler oder vom Weg abgekommene Tiere zur Herde zurückjagen. Schließlich führen die Hunde die Herde ruhig und ohne Zwang in die Umzäunung, wo die Tiere gezählt und manchmal auch gebrandmarkt werden. Die Hirtenhunde sind völlig zahm und äußerst folgsam. Ein einziger von ihnen kann 1000 Schafe in Schach halten.

Im Norden Neuseelands hat man sich neben der intensiven Schafzucht auch auf die Rinderzucht verlegt: Dort gibt es mittlerweile 10 Mio. Rinder, von denen 89 % friesische und anglonormannische Milchkühe sind. Obwohl gegenwärtig nur noch 10 % der Bevölkerung in der Landwirtschaft tätig sind, bildet der Agrarsektor nach wie vor das Rückgrat der neuseeländischen Wirtschaft. Über 60 % der Exporterlöse werden in diesem Bereich erwirtschaftet. Neuseeland ist der Welt größter Exporteur von Schaffleisch und Molkereiprodukten. Seit Großbritannien, vormals Hauptimporteur der landwirtschaftlichen Produkte, 1973 der Europäischen Gemeinschaft beitrat, mußte sich Neuseeland allerdings um neue Absatzmärkte bemühen. Heute sind Australien und Japan die wichtigsten Handelspartner des Landes. Der Beitritt Großbritanniens zur EG hat die traditionell sehr engen Bindungen an das politische Mutterland gelockert und bewirkt, daß sich der Inselstaat stärker auf seine Zugehörigkeit zum pazifischen Raum zu besinnen begann.

Diese Umorientierung und wachsende Identifikation mit seiner geographischen Lage ließ Neuseeland auch einen politischen Weg beschreiten, der zunehmend von dem bisherigen Bündnispartner wie etwa den USA abwich. Der Inselstaat im Südpazifik verficht eine konsequente Antiatompolitik und erklärte sich als erstes Land der Erde zur atomwaffenfreien Zone.

▲ *Dieser stilisierte Krieger wurde mit Steinwerkzeugen aus einem Baumstamm gehauen, denn vor der Ankunft der Weißen waren den Maori Metallwerkzeuge unbekannt.*

Die Nordinsel
Die rauchende Insel

Den Namen „rauchende Insel" erhielt die Nordinsel von den ersten Entdeckern, die beim Anblick der schneebedeckten Vulkangipfel, der Lavaströme und dampfenden Geysire von einer abergläubischen Angst befallen wurden.

Neuseeland ist Teil eines vulkanischen Gürtels im Pazifik, und der Vulkan Ngauruhoe ist auch heute noch aktiv. In bestimmten Seen erzeugen unterirdische Quellen „Augen von heißem Wasser". Die Felsen dampfen. In Tikitere erreicht der kochende Schlamm eine Temperatur von 115°C. Manchmal findet man mitten auf einer Straße eine behelfsmäßige Einzäunung, die anzeigen soll, daß der Boden aufgeplatzt und der Asphalt durch die Erdwärme geschmolzen ist.

Mitten im Vulkangürtel der Nordinsel liegt die Stadt Rotorua, wegen ihrer Geysire und Schwefelbäder ein beliebtes Touristenzentrum. Ein extremer Schwefelgeruch schlägt einem dort entgegen, und auf den Bimssteinfelsen haben sich gelbe Schwefelkristalle abgesetzt. Unter den Besuchern, die in Rotorua zu allen Jahreszeiten in großer Zahl zu finden sind, suchen viele Linderung von Gelenkerkrankungen oder Beschwerden der Atemwege. Ein Priester kam einst als erster auf die Idee, in dem warmen Wasser zu baden, um von seinen Schmerzen befreit zu werden. Die Kunde von der Heilkraft der heißen Quellen verbreitete sich schnell, man errichtete ein Sanatorium, und die Kurgäste strömten bald in Scharen herbei. Auch heute noch erfreuen sich die Patienten an der verträumten Schönheit der Seen und Berge der Umgebung, die einen angenehmen Kontrast zum ununterbrochenen Brausen der Geysire bilden. Ihre Fontänen zischen eindrucksvoll aus den dichten, weißen Dampfwolken empor.

Für die Maori ist Rotorua die Wohnstätte des wohlwollenden Feuergottes, der über ihre Gesundheit und alltäglichen Bedürfnisse wacht: Sie haben jederzeit heißes Wasser zur Verfügung und brauchen den Kochtopf nur in die heiße Asche oder in den Schlamm zu stellen, um Mahlzeiten zuzubereiten. Im Süden Rotoruas liegt das Maoridorf Whakarewarewa, wo man noch heute einen lebendigeren Eindruck vom Geist und von den Mythen des edlen Maorivolkes vermittelt bekommt als in den prächtigen Museen von Auckland und Wellington. Nur Menschen, in deren Adern Maoriblut fließt, dürfen in diesem Dorf wohnen und an einer Ausbildung in einem der Ateliers für die traditionellen Künste des Webens und Holzschnitzens teilnehmen. In den kunsthandwerklichen Arbeiten der Maori werden die Motive so kunstvoll

▲ *Der Thermalpark von Rotorua bietet ein ganzes Spektrum vulkanischer Naturerscheinungen: Geysire, brodelnde, kochendheiße Tümpel und Schwefeldämpfe.*

ineinander verwoben, daß die große Detailvielfalt auf den ersten Blick ziemlich verwirrt. Schaut man sich die Kunstwerke jedoch genauer an, so entdeckt man, daß die Motive eine Art Sprache sind, die von der Herkunft und den Sagen der einzelnen Stämme seit der Zeit der großen Wanderung erzählt.

Alle Maorigemeinschaften, auch diejenigen, die sich in den Vororten der großen Städte angesiedelt haben, besitzen ein *Waikaro*, ein Versammlungshaus, in dem die Zeremonien und Rituale bei Hochzeiten und anderen Festlichkeiten vollzogen werden. Zu solchen Anlässen schmücken sich die Maori oft mit ihrer traditionellen Festkleidung: einem Rock aus Blättern, einem Federmantel und Schmuck aus dem versteinerten Harz des Kauribaumes, dem grünen Stein, in den sie den *Tiki* schnitzen, einen Talisman in Form eines Fötus, der Glück und Fruchtbarkeit bringen soll. Das rechteckige Waikaro, das eine Tür und ein einziges Fenster hat, durch das der Häuptling die ersten Strahlen der Sonne begrüßt, symbolisiert den menschlichen Körper. Die Säule im Zentrum steht für die Wirbelsäule, die schrägen Dachbalken für die Rippen, die vertikalen Stützpfosten darunter für Hände und Füße. Auf dem First erhebt sich eine bewaffnete Figur, die mit Federn des *Takahé*, des heiligen Vogels, geschmückt ist. Alle Teile des Raums sind mit reich verzierten Schnitzereien bedeckt, bei denen jedes Detail eine Bedeutung hat.

Das Schnitzen und Weben scheint allen Maori im Blut zu liegen. Damit die hohe Qualität und die Ursprünglichkeit dieser Kunstformen nicht im Lauf der Jahre verlorengehen, lehrt die Schule von Whakarewarewa die Bearbeitung des weichen, hellroten einheimischen Holzes und die Verarbeitung der neuseeländischen Flachsfasern zu gewebten Stoffen in den beiden traditionellen Farben Gelb und Braun. Die Produkte dieser Handwerkskünste können Besucher in Souvenirgeschäften erwerben.

Eine andere Ausdrucksform der Maorikunst waren die bunten Tätowierungen, mit denen Häuptlinge und Krieger ihr Gesicht und manchmal auch ihren Körper bedeckten, als Kennzeichen ihrer Herkunft, ihres Rangs und ihrer Verdienste; bei hochgestellten Frauen beschränkten sich solche Tätowierungen auf das Kinn. Merkwürdigerweise wurde dieser Brauch von manchen Pakeha übernommen. Bei Weißen sieht man gelegentlich Tätowierungen auf Armen, Beinen und sogar an den Händen, während diese Sitte bei den Maori zu verschwinden scheint.

▶ *Majestätisch und einsam überragt der erloschene Vulkankegel des 2518 m hohen Mount Egmont die Tiefebene von Taranaki in der Nähe von New Plymouth.*

▲ *Christchurch, die bedeutendste Stadt der Südinsel, steht in dem Ruf, die britischste Stadt Neuseelands zu sein. Schuluniformen wie die der Studenten von Christ's College tragen mit zu diesem Image bei.*

Wellington
Die Stadt des Windes

Auf der Weltkarte ist Neuseeland nur ein winziges Fleckchen in der unermeßlichen Weite des Pazifik, das von der Cookstraße in zwei Teile gespalten wird. Durch diese Meerenge fegt ständig ein Wind, der Geschwindigkeiten bis zu 200 km/h erreichen kann und Fährschiffen und Flugzeugen schwer zu schaffen macht. Einmal fielen ihm in einer einzigen Nacht alle 200 000 Rosen des prachtvollen Botanischen Gartens von Wellington zum Opfer.

Wellington, die älteste Stadt Neuseelands, verdankt seine Entstehung dem Eigensinn seines Gründers Wakefield. Hier harrte er 1839 unbeirrt aus und ließ seine Pioniere an den steilen Ufern von Port Nicholson ihre Zelte aufschlagen. Schließlich gab er symbolbewußt der zukünftigen Stadt den Namen des „eisernen" Herzogs von Wellington.

Zerstörerische Erdbeben treten hier in Zeitabständen von ungefähr 200 Jahren immer wieder auf. Da sich das letzte Beben 1855 ereignete, machen sich die Einwohner von Wellington zur Zeit nicht sonderlich große Sorgen über die leichten Erschütterungen der Erde, die in dieser Gegend ebenso zum Alltag gehören wie die Stürme, denen die Stadt ihren Beinamen „Wonderful Windy Wellington" verdankt.

Wellington ist die Hauptstadt Neuseelands. Hier leben hauptsächlich Beamte, Bankangestellte und Diplomaten, die nichts für die ungezwungene Kleidung übrig haben, welche die Bevölkerung in anderen Teilen des Landes bevorzugt. Zwar laufen auch die Einwohner der Hauptstadt meist in kurzen Hosen und im Hemd herum, doch trägt man hier Kniestrümpfe und eine Krawatte dazu. Die Stadt besteht vor allem aus langgestreckten Avenuen, während Querstraßen fast völlig fehlen. Die Hänge, an denen die Stadt erbaut ist, sind so steil, daß man über Fußwege, Treppen und mit der Seilbahn in die nobleren Wohnviertel gelangt.

1877 wurde das alte, aus Holz gebaute neuseeländische Parlament durch ein klassizistisches Bauwerk und ein benachbartes, rundes Gebäude ersetzt, das im Volksmund „der Bienenkorb" genannt wird und den Betrachter stark an eine überdimensionale Hochzeitstorte erinnert.

Die alte St. Paul's Church ist ein einzigartiges, neugotisches Holzbauwerk, das vollständig aus glänzenden, harten Stämmen und ohne einen einzigen Nagel errichtet wurde. Das Gebäude hat eine warme Ausstrahlung, die wir nicht zuletzt deshalb heute noch genießen können, weil Idealisten sich für den Erhalt und die Restaurierung dieser Kirche einsetzen und in ihren Räumen Konzerte, Blumenausstellungen und mehr oder weniger prunkvolle Hochzeitsfeiern organisieren.

Die Landeshauptstadt Wellington beweist viel Sinn für Geschichte. Das schöne National Museum besitzt bedeutende Werke der klassischen Kunst der Maori – jenes Volkes, das diese Insel sechs Jahrhunderte lang allein bewohnte. Das Museum zeigt auch ein Modell des Expeditionsschiffs von Kapitän James Cook.

Auckland
Die heimliche Hauptstadt Neuseelands

Auf dem nördlichen Ausläufer der Nordinsel ist die Stadt Auckland erbaut, wunderschön gelegen an Buchten und überschattet von hohen, erloschenen Vulkankegeln. Es ist schade, daß sich diese größte Stadt Neuseelands so planlos ausgedehnt hat. Der Engländer William Hobson, erster Gouverneur Neuseelands, hatte die Stadt Auckland aufgrund ihrer Lage als Hauptstadt ausgewählt: Sie lag im Herzen des von den Maori besiedelten Gebiets und war der ideale Ausgangspunkt für die Kontakte Neuseelands mit der Alten Welt. Die Stadt Auckland hat den Verlust ihrer Rolle als Hauptstadt nie verwinden können. Sie fühlt sich mit ihren 830 000 Einwohnern und in ihrer Funktion als Handels- und Industriezentrum mit dem internationalen Flughafen und dem Hafen Waitemata, wo die Post- und Frachtschiffe praktisch bis ins Stadtzentrum fahren, noch immer als die Nummer eins des Landes.

Die Südinsel
Grasebenen und Schafherden

Der Südinsel hat man wegen der Schönheit ihres grasbedeckten grünen Hügellandes den Beinamen Jadeinsel gegeben. Überall sieht man hier die hellen Tupfer der Schafherden. Neben der stärker urbanisierten und hektischeren Nordinsel erweckt die Südinsel, deren sanfte Hügel von der mächtigen Gebirgskette der Neuseeländischen Alpen gekrönt werden, eher den Eindruck eines reichen, betulichen Erben. An die stürmischen Zeiten des Goldrauschs erinnern nur die Klüfte, die Goldsucher mit Dynamit in die Wände hoher Berge gesprengt haben: Heute stürzen dort Bergbäche in die Tiefe, auf denen abenteuerlustige, sportlich gesinnte Touristen der schäumenden und tosenden Kraft des Wassers mit speziell hierfür konstruierten flachen Booten trotzen.

Die gesamte Insel scheint in ein ewiges Festtagskleid gehüllt. Auf den majestätischen, hohen Berggipfeln liegen der Schnee und die Gletscher, während sich zu ihren Füßen sanfte grüne Hügel, blaue Seen, tiefe Fjorde und die Farbenpracht unzähliger

▲ *Die neuseeländische Hauptstadt Wellington zieht sich an steilen Küstenhängen empor. Da hier regelmäßig Erdstöße auftreten, sind viele Häuser aus Sicherheitsgründen aus Holz gebaut.*

Blumen zu einem beeindruckenden Landschaftsbild fügen.

Ginsterbüsche bedecken die Felsen. An Straßen und Flüssen werden sie von dichten Reihen kerzengerader Lupinen verdrängt, die bis zu den Pappelreihen hochreichen. Im Gestrüpp blüht die weiße Heide, und viele der flachen Seen sind über und über mit herrlichen Seerosen bedeckt.

Die bedeutendste Stadt der Südinsel ist Christchurch. Sie entstand aus hohen, idealistischen Motiven: Hier, am Ende der Welt, wollte man einen Ort errichten, in dem die Ideale der anglikanischen Kirche verwirklicht werden sollten. Die britischen Einwanderer, die Christchurch gründeten, gaben der Stadt den Namen eines der berühmten Colleges von Oxford. Die grüne und fruchtbare Ebene, die die Stadt umgibt, eingebettet zwischen dem Pazifik und den weißen Gipfeln der Neuseeländischen Alpen, wurde nach dem britischen Erzbistum Canterbury benannt. Der vielen Parks wegen, die man im Stadtgebiet besuchen kann, wird Christchurch auch die „Gartenstadt Neuseelands"

◂ *Auckland, die größte Stadt des Landes, ist eine moderne Metropole mit einem stark frequentierten Hafen, einem regen Geschäftsleben und viel Industrie. Doch die grünen Hügel sind überall in erreichbarer Nähe.*

genannt. Viele Leute behaupten, Christchurch sei „die englischste Stadt außerhalb Großbritanniens".

Arrowtown schlummert unter der goldenen Pracht der großen Maulbeerfeigen. Nur die alte Hauptstraße mit dem Museum und den Läden aus der Zeit des Goldrauschs weckt noch Erinnerungen an die vergangenen Zeiten. Die Stadt Queenstown am Ufer des Wakatipusees ist durch die eindrucksvollen Bergketten der Remarkables gegen Stürme geschützt. Besucher können von dort aus Wanderungen zu den Berggipfeln unternehmen oder eine Rundfahrt mit dem alten Raddampfer machen, früher die einzige Verbindung zwischen den Seeufern.

Der Küstenort Dunedin erlebte in den Jahren nach 1860 ein explosionsartiges Wachstum. Da die Einwohner schottischer Abstammung sind, ist die Stadt eine presbyterianische Enklave im ansonsten überwiegend anglikanischen Neuseeland. Dunedin ist der gälische Name für Edinburgh, und der Einfluß der schottischen Patenstadt hat auch im Stadtplan, in den Straßennamen

▲ *Bergsteiger beim Erklimmen der senkrechten Felswände des 2797 m hohen Mount Ruapehu, des höchsten der drei Vulkane im Nationalpark von Tongariro auf der Nordinsel*

und sogar in der Zitadelle seine sichtbaren Spuren hinterlassen.

Nach der Legende der Maori wurde der Wakapitusee von einem Riesen gegraben. Tatsächlich liegen fast alle Seen der Südinsel in Tälern, die von den eiszeitlichen Gletscherströmen tief ausgeschürft wurden.

Der Mount Cook, mit 3764 m der höchste Berg der 750 km langen Neuseeländischen Alpen, erhebt sich über 26 andere Berggipfel, die die 3000-m-Grenze überschreiten. Die Maori nennen diesen Berg Oarangi, „Wolkenbrecher". Er wurde erstmals im Jahr 1894 bezwungen, und an der Flanke, die den Namen „Caroline" trägt, gelang dies einem Bergsteiger erst 1970.

Die Lawinen, die von den mächtigen Gipfeln in die Tiefe stürzen, die plötzlich aufkommenden Stürme, die die sonst spiegelglatten Seen in Aufruhr bringen, die Wolkenbrüche, die alles unter Wasser setzen, die unberührte Einsamkeit des Fjordlandes, das jetzt die Domäne des seltenen Takahé, des heiligen Vogels, ist, und die von den Bewohnern der Stewartinsel bewußt gewählte einfache Lebensweise (viele Häuser werden dort noch mit Öllampen beleuchtet) bilden das notwendige Gegengewicht zu all der selbstzufriedenen Schönheit der Jadeinsel.

▶ *Die Neuseeländischen Alpen mit ihren scharfen Kämmen, dem ewigen Schnee und den Gletschern erstrecken sich in einer Länge von etwa 750 km längs durch die Südinsel.*

▶▶ *Die unberührte Natur und die imposante Landschaft des Fjordgebiets sind stellenweise nur mit dem Schiff zu erreichen.*

▲ *Die Narben, die der Nickelabbau in der Landschaft von Grande Terre hinterlassen hat, werden allmählich wieder von der Vegetation zugedeckt.*

Neukaledonien

Die von James Cook im Jahr 1774 entdeckte, langgestreckte Insel im Südpazifik zeigt aufgrund ihres quer zu den Passatwinden gerichteten Verlaufs einen krassen Gegensatz zwischen der regenfeuchten Ostseite und den trockenen, savannenbedeckten Ebenen im Westen.

AUF dem Weg von den Neuen Hebriden, dem heutigen Vanuatu, nach Neuseeland erreichte der englische Entdecker James Cook am 4. September 1774 mit seinem Schiff *Resolution* eine noch unbekannte, aber teilweise bereits von Eingeborenen kultivierte Insel, deren Küste von dichten Mangrovenwäldern eingenommen wurde. Mit seiner Entdeckung beseitigte Cook einen der letzten „weißen Flecken" auf der Landkarte dieses Teils der Erde. Der Mythos vom großen südlichen Kontinent, der die Entdecker aus der Alten Welt jahrhundertelang zu abenteuerlichen Reisen inspirierte, hatte damit endgültig ausgedient, denn jener unbekannte Kontinent, der angeblich als Gegengewicht zu den übrigen Landmassen des Planeten existieren mußte, war nichts weiter als eine Ansammlung unzähliger kleiner Inseln, die über die unendlichen Weiten des Pazifik verstreut lagen.

Im Norden begrenzt durch Mikronesien (die „kleinen Inseln"), im Osten durch Polynesien (die „vielen Inseln"), gehört Neukaledonien selbst zu Melanesien (den „schwarzen Inseln") und setzt sich aus drei Inselgruppen zusammen: Zu der ersten gehören die langgestreckte Hauptinsel Neukaledonien selbst, auch Grande Terre genannt, außerdem die Île des Pins (Pinieninsel) an der Südspitze der Hauptinsel, der Beleparchipel, die D'Entrecasteaux-Inseln sowie die unbewohnten, kleinen Inseln Huon und Surprise an der Nordseite. Die zweite Gruppe bilden die Loyalty-Inseln, ein Archipel von 2000 km², die parallel zur Insel Neukaledo-

▲ *Beim Tanzen stampfen die Kanaken, die Ureinwohner Neukaledoniens, im Rhythmus der Musik auf Grasbüschel.*

nien verlaufen. Die dritte Gruppe schließlich umfaßt die 400 km weiter westlich liegenden Chesterfield-Inseln, die bereits auf halbem Weg nach Australien liegen.

Die Inseln Neukaledoniens, im Grenzgebiet zwischen der Korallensee und dem Pazifik gelegen, sind interessant und abwechslungsreich durch ihre Naturschönheiten. Die wegen ihrer milden, subtropischen Witterung berühmten Inseln gehören zu den klimatisch am meisten begünstigten Gebieten der Erde. Gefährliche Tiere oder Insekten gibt es hier nicht, und viele auf der Südhalbkugel verbreitete Tropenkrankheiten kommen in diesem Teil der Südsee nicht vor. Außerdem ist dieser Archipel einer der ausgedehntesten Landstriche im Pazifischen Ozean und kulturell besonders interessant.

Eine wechselvolle Geschichte
Erst britisch, dann französisch

Die Herkunft der Urbevölkerung dieser Inseln blieb lange ein Rätsel. Schon Cook wunderte sich über diese Menschen mit ihrem krausen Haar, die ihre Gesichter mit einem schwarzen Farbstoff bemalten und deren Gebräuche sich von denen aller anderen Südseevölker unterschieden, die er auf seinen Reisen kennengelernt hatte. Zweifellos war diese Inselgruppe schon seit Tausenden von Jahren bewohnt gewesen, möglicherweise schon vor der Zeit der ägyptischen Pharaonen. Steine mit eingemeißelten Schriftzeichen, die man am Katiramonapaß gefunden hat, den europäischen Menhiren ähnliche Steinreihen bei Ouégoa und die Grabhügel auf der Halbinsel Bogotá werden als Beweise für die Existenz einer sehr alten Kultur angesehen, deren Ursprünge die Archäologen noch nicht klären konnten. Da nirgendwo Skelettfunde bisher das Gegenteil beweisen konnten, nimmt man an, daß die ersten Bewohner dieser Inseln aus Neuguinea, Australien und Polynesien einwanderten.

Die Europäer übernahmen für die zahlreichen einheimischen Stämme, die bei ihrer Ankunft Grande Terre und die benachbarten Inseln bevölkerten, den polynesischen Sammelnamen Kanaken, der auf polynesisch „Menschen" bedeutet. Die Kanaken bilden eine eigene Rasse; am besten ist dies auf Vanuatu zu erkennen, wo sich die Urbevölkerung weniger mit den Einwanderern vermischt hat.

Die Stämme lebten in streng hierarchisch gegliederten Clans oder Großfamilien und besaßen eine ziemlich hochentwickelte Kultur; u. a. waren sie Meister in der Kunst, Steine zu bearbeiten und zu schleifen. Im Gegensatz zu den übrigen Inselgruppen Ozeaniens ließ Neukaledonien eine auffällige kulturelle Einheit erkennen, was auch den hartnäckigen Widerstand der Kanaken gegen die europäische Kolonisierung erklärt, der sich heute in den militanten Unabhängigkeitsbewegungen der kanakischen Bevölkerung fortsetzt.

1791 erhielt der Franzose d'Entrecasteaux von der Pariser Nationalversammlung den Auftrag, nach dem Verbleib der seit 1788 verschollenen Expedition des Seefahrers und Entdeckers La Pérouse zu forschen, und machte sich mit zwei Schiffen, der *Recherche* und der *Espérance*, auf den Weg. Da schlechtes Wetter ihn daran hinderte, an der Küste von Grande Terre vor Anker zu gehen, fuhr er weiter zum Beleparchipel, wo heute der Name eines der großen Riffe von seiner Reise zeugt. Nach monatelangem vergeblichem Suchen kehrte d'Entrecasteaux nach Neukaledonien zurück. Er blieb drei Wochen in der Baladebucht und verlor dort in blutigen Kämpfen mit den Kanaken Huon de Termadec, den Kapitän der *Espérance*.

Während der ersten 50 Jahre nach d'Entrecasteaux' ergebnisloser Suche gingen nur noch britische Schiffe in Neukaledonien vor Anker. Seit der Gründung Sydneys im Jahr 1788 waren die Engländer in diesem Teil der Welt besonders aktiv gewesen, und zahlreiche Handelsexpeditionen waren von Australien aus in die Region unternommen worden. Der Zeit der Erkundung durch Seefahrer und Kaufleute folgte die Epoche der Missionierung, die zuerst in Polynesien und dann auch in Neukaledonien große Unruhen auslöste. Um 1850 ließen sich die ersten protestantischen Missionare der London Missionary

Society auf der Insel nieder, und drei Jahre später tauchten französische Katholiken in dieser Weltgegend auf. Um Konflikte mit England zu vermeiden, gab der französische König Louis-Philippe 1846 allerdings den Befehl, die französische Fahne einzuziehen.

Während der Regierungszeit von Napoleon III. (1852–1870) lebte in Frankreich das Interesse an Neukaledonien jedoch wieder auf. Beeinflußt durch einen Bericht des Kommandanten d'Harcourt, der die ozeanische

▲ Dem Pilou-Rilou-Tanz wurde früher eine magische Wirkung zugeschrieben. Indem sie durch den Tanz an die ruhmreichen Taten ihrer Ahnen erinnerten, hofften die Clans, sich deren Beistand zu sichern.

Inselwelt kannte und von einem „militärischen Stützpunkt von größter Bedeutung" sprach, gab der französische Kaiser im Jahr 1853 den Befehl, die Insel für Frankreich zu annektieren. Die Eingeborenen leisteten erbitterten Widerstand, doch schließlich wurde die Regierungsgewalt über die Inselgruppe den französischen Handelsniederlassungen im Pazifik unterstellt.

Der Hafen von Nouméa wurde zum Standort für die Hauptstadt von Neukaledonien bestimmt, die den Namen Fort-de-France erhielt. Da dies jedoch zu Verwechslungen mit einer Stadt gleichen Namens auf der Insel Martinique führte, wurde 1866 der melanesische Name Nouméa wieder eingeführt. Inzwischen hatte sich das Gebiet zu einer echten französischen Kolonie entwickelt.

Neben der strategischen Bedeutung gab es noch einen zweiten Grund für das französische Interesse an Neukaledonien. Frankreich begann hier eine Strafkolonie für politische Gefangene zu gründen. Die ersten Gefangenen kamen 1864 auf der Île de Nou an und wurden für Bauarbeiten in der Hauptstadt eingesetzt. Sie mußten Straßen bauen, Bäume fällen und in Bergwerken arbeiten,

▲ *Der Leuchtturm Amédée auf einer kleinen Insel vor der Küste bei Nouméa warnt die Schiffe vor der Barriere aus Korallenriffen, die sich rund um Grande Terre zieht.*

denn schon bald wurden auf Grande Terre bedeutende Bodenschätze entdeckt, vor allem wertvolle Nickelerze.

Die Zeit vor dem Ersten Weltkrieg stand in Neukaledonien ganz im Zeichen des „Nickelfiebers". Die großen Nickelvorkommen und später die Mangan-, Chrom- und Kobaltfunde lockten viele Einwanderer aus Frankreich an, denen hier, anders als in Polynesien, die Gründung einer neuen Existenz gelang. Die zahlreichen neuen Bergbaubetriebe lösten außerdem einen starken Zustrom von Indern, Javanern und Chinesen aus.

An der Ostküste und auf den Loyalty-Inseln blieben die Stammesverbände trotz der Bekehrung zum Christentum relativ unberührt von europäischen Einflüssen; die Neuankömmlinge vermischten sich hauptsächlich mit den „glatthaarigen" Polynesiern, die Cook wegen ihrer langen Seereisen zu weit entfernten Inseln einmal die „Wikinger des Ostens" genannt hatte.

Im Gegensatz zu den reiselustigen Polynesiern sind die Melanesier ein seßhaftes Volk. Dies erklärt auch, weshalb es hier so viele Dialekte gibt und warum Französisch so schnell zur allgemein akzeptierten Verkehrssprache wurde.

Neukaledonien ist das größte Überseeterritorium Frankreichs. Es wird durch einen von Paris ernannten Gouverneur per Dekret regiert. Ihm zur Seite stehen eine gewählte Territorialversammlung aus 36 Mitgliedern sowie ein siebenköpfiger Regierungsrat, der bei territorialen Fragen ein Mitspracherecht hat. Wichtige politische Entscheidungen dürfen diese Gremien jedoch nicht fällen. Außerdem haben zwei Abgeordnete der Inseln einen Sitz in der französischen Nationalversammlung, und ein Senator verfügt über einen Sitz im französischen Senat. In den 80er Jahren kam es immer wieder zu blutigen Zusammenstößen zwischen den nach Unabhängigkeit strebenden, wirtschaftlich auch heute noch stark benachteiligten Kanaken, der Polizei und französischen Kolonisten. Deshalb bemüht sich Paris nun zumindest um eine innenpolitische Demokratisierung. Im Jahr 1998 soll es zu einer Volksabstimmung über die Unabhängigkeit Neukaledoniens kommen.

Grande Terre
Wie ein Schiff im smaragdgrünen Meer

Von oben gesehen, wirkt die Insel Grande Terre wie ein riesiges Schiff. Sie ist etwa 400 km lang und 50 km breit, und ihre Küsten werden auf allen Seiten durch Barrieren aus weißen Korallenriffen geschützt, so daß die Insel rundherum durch einen Lagunenring vom Ozean getrennt ist. Das dunkelgrüne Pflanzenkleid und die ockergelben Felsen bilden einen reizvollen Kontrast zu diesem leuchtenden Korallenring.

Kommt man näher, so ähnelt die Insel noch stärker einem Schiff mit hoch aufragenden Bordwänden. Der Eindruck wird noch durch die schmalen Bergketten unterstrichen – eigentlich eine Reihe von Bergmassiven –, die von Nordwesten nach Südosten verlaufen, wobei der Mont Panié, mit 1628 m die höchste Erhebung der Insel, das Vorderdeck bildet und der Mont Humboldt (1618 m) das Achterdeck, während das sich verjüngende Relief der beiden Enden an die spitze Form des Vor- und Achterstevens denken läßt. Wegen dieser alles beherrschenden Bergkette gaben die Neukaledonier ihrer Insel den Beinamen „Kieselstein".

Das Barriereriff, das 12 km vor der Küste einen 1600 km langen Ring um die Insel bildet, umschließt eine der schönsten Lagunen der Welt. Die Ozeanwellen brechen sich an den steilen Felsen, und die schäumenden Kämme rollen über tiefblaues Wasser, Korallenbänke, Strände und Sandmulden, in denen sich die Sonnenstrahlen in irisierenden Farben brechen.

Während die polynesischen Inseln ihren ganzen Charme schon auf den ersten Blick preisgeben und dann kaum noch Neues zu bieten haben, wartet Neukaledonien mit einer solchen Vielfalt von Landschaften auf, daß man viel Zeit braucht, um sich ein umfassendes Bild von der Insel zu machen.

An der am dichtesten bevölkerten Ostseite, die regenreich und fruchtbar ist, erheben sich die Berge in einer geschlossenen Kulisse gleich hinter der Küste; sie werden durchschnitten von Flüssen, deren Wasserfälle zwischen der üppigen Vegetation in die Tiefe stürzen. Auf der Westseite hingegen findet man rötliche und ockergelbe Hügel, kleine Bergketten, weite savannenbedeckte Ebenen und Täler, die bis zur Küste reichen. Vielerorts jedoch sind die Höhenzüge durch die zahlreichen Bergwerke, Straßen und Abraumhalden stark beeinträchtigt.

▶ *Ihre farbenprächtige Unterwasserwelt macht die Lagune von Neukaledonien zu einem Paradies für Taucher.*

▲ *Die reichen Vorräte an Nickelerz, das man auch als Garnierit bezeichnet, werden größtenteils im Tagebau gewonnen.*

Bedrohte Natur
Eine außergewöhnliche Flora und Fauna

Unbefestigte Wege, die allenfalls in der Nähe von Städten in eine asphaltierte Straße übergehen, durchziehen eine abwechslungsreiche Landschaft. Es gibt Bergformationen, die dort, wo die Industrie sich noch nicht ausgebreitet hat, an die Schweiz erinnern, mit friedlich grasenden Kühen auf grünen Weiden. Dann tauchen Küstenebenen voller Niaoulis auf – nach Geißblatt duftenden Bäumen mit kahlen, hellen Stämmen, deren zarte Zweige flauschige Blüten schmücken –, umgeben von hohem gelbem Gras. Blühende Sträucher brechen überall durch das Unterholz.

In manchen Küstenwäldern mit ihren rauschenden Bergbächen findet man den bizarren Bourao, den „Eisenbaum", mit seinen raschelnden, kleinen Blättern und die imposanten Waringins oder Banyanbäume, eine exotische Feigenart mit sehr auffälligen, stelzenartigen Luftwurzeln.

Inmitten dieser tropischen Landschaften stößt man hin und wieder auf geologische Kuriositäten wie den „Bonhomme" in der Nähe von Bourail, einen Nadelfelsen, der wie ein Wahrzeichen am Eingang der Schildkrötenbucht steht; bedauerlicherweise sind die Schildkröten, die hier am Strand ihre Eier im Sand ablegen, heute sehr gefährdet und vom Aussterben bedroht.

Der Niaouli, der Nationalbaum von Neukaledonien (mit dem gleichen Namen werden übrigens die auf der Insel geborenen Weißen bezeichnet), ist der unumstrittene König der Savannen an der Westküste. Dieser dem Eukalyptus ähnliche Baum, der den Rohstoff für ein wichtiges Medikament liefert, wächst hier heute an Stelle der früheren Wälder, weil ihm die in diesem Teil der Insel häufig wütenden Waldbrände nichts anhaben können. Die alljährlichen Brände fegen das Grasland leer bis auf diese Bäume, die durch ihre weiße, feuerfeste Rinde vor dem Feuer geschützt sind. Auf dem Boden bleibt nur gelbes, zähes Gras zurück, zwischen dem einige Pflanzen wie das Stachelgras und die wohlriechende Lantana wachsen, die die Trockenheit lieben.

Außerdem stößt man immer wieder auf zwei andere bemerkenswerte Baumarten, die der Insel vor allem im roten Schein der Dämmerung ein unwirkliches Aussehen verleihen: die Mangroven in den Buchten an der Küste, die ein unentwirrbares Dickicht bilden und sich mit langen Stelzwurzeln im schlammigen Untergrund festklammern, und die Araukarien, deren schuppenbedeckte Zweige an die Arme von Kerzenleuchtern erinnern.

In dieser bizarren Pflanzenwelt begegnet man einigen Schmetterlingsarten von außergewöhnlicher Schönheit und hört man überraschende Vogelrufe, wie das Bellen des Kagus und das Geheul des Notus. Der Kagu, ein prachtvoller, silberfarbener Vogel mit einem schönen Schopf, den er während der Balz aufrichtet, ist nur auf Neukaledonien zu finden. Er kann nicht fliegen, und wenn er gereizt wird, schwillt der Kamm auf seinem Kopf an. Seine heiseren Schreie erinnern an das Bellen junger Hunde. Ironischerweise sind gerade die Hunde, die die Europäer auf der Insel eingeführt haben, seine gefährlichsten Feinde. Der Kagu steht auf der Liste der vom Aussterben bedrohten Tiere.

▲ *Der Diahot, einziger schiffbarer Fluß der Insel, schlängelt sich über eine Länge von 90 km durch die grüne Landschaft.*

Die Landwirtschaft
Tropische Gewächse und Viehzucht

Die Westküste war vor der Zurückdrängung der üppigen Agrarkultur durch den Bergbau lange eine Domäne des Anbaus tropischer Gewächse wie Tabak, Reis, Zuckerrohr, Baumwolle und Kaffee. Seit der Einfuhr und der Kultivierung neuer hochwertiger Sorten wurde der Kaffee nach und nach zum wichtigsten Agrarprodukt der Insel.

Wie in Australien brachten auch auf Neukaledonien die Verwalter der Strafkolonien die ersten Rinder auf die Insel, weil sie frisches Fleisch haben wollten. Heute ist die Viehzucht, die sich auf die Ebenen der Westküste konzentriert und in den Händen der Europäer ist, ein weiterer, sehr bedeutender Faktor der Landwirtschaft geworden.

Die melanesischen Bauern kultivieren hauptsächlich jene Knollengewächse, die den Einwohnern als Grundnahrungsmittel dienen: die Yamswurzel, Symbol der Männlichkeit, und den Taro, der die Weiblichkeit versinnbildlicht und auf bewässerten Terrassen angebaut wird. Außerdem werden Ma-

▶ *Typisch für die Flora Neukaledoniens sind die Araukarien* (Araucaria cooki), *die hier die Baie des Tortues (Schildkrötenbucht) säumen.*

▲ *Die Ureinwohner Neukaledoniens sind Melanesier mit dunkler Haut und krausem Haar. Sie sind u. a. mit den Papua Neuguineas verwandt.*

niok, Bananen und darüber hinaus auch europäische Gemüsearten angepflanzt, die zusammen mit Schweine- und Hühnerfleisch das wohlschmeckende neukaledonische Nationalgericht *Bougna* ergeben.

Die traditionellen einheimischen Wohnhäuser der Kanaken waren so gebaut, daß sich die Stammesmitglieder rund um die Feuerstelle versammeln konnten: als runde oder viereckige Hütten mit einem Schilfdach. Doch wie in allen Gebieten, in die die europäische Zivilisation vorgedrungen ist, haben die Inselbewohner die Schilfhütten schon vor geraumer Zeit gegen Lehmhäuser mit Wellblechdächern und „westlichen" Möbeln eingetauscht.

Nur auf den Loyalty-Inseln leben noch heute einige Stämme in den alten Hütten, die um Pfähle herum und mit Hilfe einer doppelten, mit Stroh gefüllten Wand aus der Rinde des Niaouli errichtet sind. Auf dem Dachfirst steht oft ein Pfeil, der die Seelen der Urahnen einfangen soll.

▲ *Bougna besteht aus Hühnerfleisch und verschiedenen Gemüsen, die in Palmblättern auf heißen Steinen gedünstet werden.*

Die Ostküste
Ein Blumengarten im Ozean

Die ständig wehenden Passatwinde und ihre starken Niederschläge verleihen der Vegetation an der Ostküste den Charakter eines üppigen tropischen Gartens. Wegen dieser Flora, des milden Klimas und der prachtvollen Strände hat sich diese Küste dort, wo sie von der Industrie bisher verschont blieb, zu einer Touristenattraktion entwickelt.

Eine ungefähr 200 km lange Straße schlängelt sich zwischen dem grünen Saum aus Hibiskushecken, riesigen Bougainvilleen (Pagodenbäumen), lianenumwundenen Frangipani mit ihren stark duftenden Blüten und dem hellblauen Band der Lagune dahin, aus der hier und da Felsblöcke oder hohe Klippen emporragen. Wenn man auf dieser von Kokospalmen und Araukarien gesäumten Route reist, bekommt man gelegentlich noch einen Eindruck von der Beschaulichkeit des früheren neukaledonischen Lebens. Immergrüne Rasenflächen, Yamswurzel-, Maniok- und Tarofelder sowie japanische Tulpenbäume mit purpurfarbenen Blüten kündigen an, daß man sich einer Ortschaft nähert. So durchquert man die Dörfer Ometteux mit der St.-Peters-Kapelle, Tibarama, Wagap und Baye mit der berühmten „Hütte des Hundertjährigen": Die Hütte hat einen Durchmesser von 7 m, und den Dachfirst schmückt ein mit Muscheln verzierter Pfeil; in die neun Pfähle, die das Dach tragen, sind Köpfe geschnitzt, die den Kriegern der verschiedenen Stämme geweiht sind. Auch die Häuptlingshütte in Petit Couli, nicht weit von La Foa, ist sehenswert. Zweigt man von der Hauptstraße ab, kann man im blauen Schatten des Unterholzes die silbernen Sternblüten der Kaffeesträucher und wilde Orchideen aufleuchten sehen. Die schönsten

Täler sind die des Tchamba und das Amoatal, von wo aus man einen herrlichen Blick auf die mit kleinen weißen Sandinseln übersäte Lagune genießt.

Die Melanesier sind ein gastfreundliches Volk, und Besucher können immer mit einer herzlichen Aufnahme rechnen. Die melanesischen Frauen tragen weite, bunt gemusterte Kleider mit farblich abgesetzten Paspeln an Kragen und Ärmeln, und sie schenken allen Fremden gerne ein Lächeln.

▲ *Die traditionellen Rundhütten der einheimischen Bevölkerung Neukaledoniens mit einer Feuerstelle in der Mitte sind größtenteils von rechteckigen, aus Lehm gebauten Wohnhäusern verdrängt worden.*

Das Vorgebirge von Hienghène an der abwechslungsreichen Ostseite der Insel bietet ein prachtvolles und einzigartiges Panorama der überraschend vielfältigen Landschaftsformen Neukaledoniens. An der Mündung des gleichnamigen Flusses, der in eine große Bucht einmündet, welche von den Inseln Yehgabat, Yeb Hiagen und Titguit flankiert wird, stehen ein paar bizarr geformte Kalkfelsen, denen man so wohltönende Namen wie „Sphinx" (150 m hoch) und „Türme von Notre-Dame" (60 m hoch, im Volksmund auch „Brütende Henne" genannt) gegeben hat. Hienghène ist eines der luxuriösen Touristenzentren von Grande Terre. Die Hotels sind mit einer Fülle von Blumen umgeben, deren Blütenpracht mit den intensiven Farben der angrenzenden Lagune wetteifert. In der Ferne erhebt sich, immer in Wolken gehüllt, die von den Passatwinden unermüdlich herangetrieben werden, der Gipfel des Mont Panié.

▶ *Die Erosion hat den Felsen von Hienghène an der Ostküste bizarre Formen verliehen. Sie tragen phantasievolle Namen wie „Türme von Notre-Dame" oder „Brütende Henne".*

NEUKALEDONIEN / 57

▲ *Üppige Vegetation und Wasserfälle kennzeichnen die steilen Bergketten an der landschaftlich besonders interessanten Ostseite von Grande Terre. Die Wasserfälle des Mont Saint-Vincent gehören zu den eindrucksvollsten der Insel.*

In dieser Gegend errichtete Bischof Douarre, eine der markanten Persönlichkeiten der Kolonisierungsgeschichte, seine Missionsstation, nachdem der Häuptling Bouarate ihm die Erlaubnis dazu gegeben hatte. Doch 1847 nahm der Häuptling sein Wort zurück und schwor, den Geistlichen bei der nächsten Yamswurzelernte aufzuessen. Als die Missionare von dem geplanten Festessen hörten, flohen sie natürlich. Da der Haß Bouarates gegen die Franzosen wuchs, wurde er 1858 nach Tahiti verbannt. Fünf Jahre später kehrte der Kanakenhäuptling in sein Land zurück, so radikal zum Christentum und zur Treue gegenüber Frankreich bekehrt, daß seine Aggression sich nun gegen die Ungläubigen richtete.

Die Seenroute im Süden der Insel lockt besonders Reisende, die das Abenteuer und völlig verlassene Landschaften lieben. Von Nouméa bis zum Barrage Yaté erstreckt sich ein Gebiet, das auf keiner anderen Südseeinsel seinesgleichen findet. Die hindernisreiche Straße, auf der auch Autorennen ausgetragen werden, schlängelt sich über ockerfarbene Felsen durch eine fast gespenstische Landschaft. Große Seen, aus denen die Skelette toter Bäume mit vom Wind zerzausten Zweigen emporragen, und die Ruinen verlassener Bergwerke prägen das Bild der Landschaft. Bizarre Pflanzen und Bäume unterstreichen die geisterhafte Atmosphäre dieses kahlen Hügellandes. Erreicht man schließlich die Täler von Yaté, hat man das Gefühl, wieder in die Alltagsrealität zurückgekehrt zu sein.

Nouméa
Die französische Hauptstadt von Ozeanien

Die Hauptstadt Nouméa ist der einzige Ort, den die etwa 155 000 Inselbewohner nicht zur „Brousse", zur Wildnis, zählen. Die Stadt wurde 1854 an dieser Stelle gegründet, weil die Bucht ein idealer Ankerplatz war – mit tiefem Wasser, gut geschützt vor dem Wind durch die Insel Nou, die zusammen mit der kleinen Insel Méa in der Bucht der Stadt ihren Namen gab. Man könnte Nouméa und Umgebung als die Côte d'Azur von Ozeanien bezeichnen: die Yachthäfen, in denen große, luxuriöse Segelschiffe liegen, und die von Mangroven umsäumten Boulevards am Strand halten diesem Vergleich stand. Mit ihren grünen Parks und dem Gebirge im Hintergrund könnte dies wirklich eine Stadt an der französischen Mittelmeerküste sein, aber diese Illusion wird augenblicklich zerstört, wenn der Blick auf die hohen Schornsteine des großen Hüttenwerkes von Doniambo und die Erzverladeanlagen an der Westseite fällt. Doch abgesehen von solchen störenden Elementen, atmet Nouméa immer noch eine typisch französische Atmosphäre, was sich in den vorzüglichen Restaurants und in den eleganten Geschäften im Zentrum ebenso ausdrückt wie in den Namen der Vororte: Auteuil, Pont-des-Français, Mon-Plaisir usw. Die modernen Gebäude, die an die Stelle der alten Holzhäuser mit den Veranden und der Läden mit den Vordächern getreten sind, haben das Stadtbild Nouméas noch nicht verschandeln können.

▲ *Die Hauptstadt Nouméa, auf der Landseite durch einen Hügelrücken, auf der Seeseite durch die Insel Nou geschützt, liegt auf einer Halbinsel mit zahlreichen Buchten.*

Nouméa ist auf einer 15 km langen Halbinsel erbaut, an deren Küsten sich Buchten und Kaps ablösen – Baie de la Moselle, Baie des Citrons, Kap Chaleix und die kleine Vatabucht. Vor der Küste steht auf einer Koralleninsel der Leuchtturm Amédée, ein Geschenk von Napoleon III.

Mehr als die Hälfte der Inselbevölkerung lebt in dieser Stadt, die einen ausgesprochen kosmopolitischen Eindruck macht, vor allem samstags auf dem Markt: Dort sieht man Melanesier, Indonesier, Tahitianer und Französisch-Kaledonier, unter die sich Touristen aus Amerika und Australien sowie japanische Geschäftsleute gemischt haben.

König Nickel
Der wichtigste Industriezweig

Die Gewinnung von Nickel ist die tragende wirtschaftliche Kraft Neukaledoniens. Dank der reichen und leicht abbaubaren Erzschichten ist die Insel nach Kanada und der Sowjetunion der drittgrößte Weltproduzent dieses Metalls. Die Gesellschaft Le Nickel, ein seit 1880 aktives Industriekonsortium, hat eine wachsende Anzahl von Europäern, Polynesiern, Melanesiern und Asiaten nach Nouméa gelockt. Im Hüttenwerk von Doniambo produzieren 2400 Arbeiter pro Jahr 80 000 t Nickel.

Von den Minen wird das Erz auf Transportbändern, die zu den längsten der Welt gehören, in Richtung Küste befördert und zum größten Teil über die Häfen Thio und Poro auf direktem Weg nach Japan exportiert. Der Rest des Erzes wird mit Frachtschiffen nach Doniambo gebracht und anschließend dort verhüttet.

Der Rückgang des Nickelabsatzes Anfang der 70er Jahre hat den Neukaledoniern gezeigt, wie gefährlich es für sie ist, wirtschaftlich von nur einer einzigen Einkommensquelle abhängig zu sein. Aus diesem Grund ist die Regierung bemüht, auch andere Wirtschaftszweige wie beispielsweise den Tourismus, die Landwirtschaft und den Fischfang zu fördern.

Île des Pins
Hort alter Traditionen

Zu den wichtigsten Touristenattraktionen Neukaledoniens gehört neben der südöstlich von Nouméa gelegenen, von hier aus mit einer Fähre erreichbaren Insel Ouen vor allem die Île des Pins. Diese Insel ist von der Hauptstadt aus in einer halben Stunde mit dem Flugzeug zu erreichen, aber natürlich gibt es auch Schiffsverbindungen dorthin.

Die Île des Pins war von 1871 bis 1880 der Verbannungsort für rund 3800 Verurteilte der Pariser Kommune. An diese Episode erinnern die Reste des Sträflingslagers und der Kirchhof, auf dem 240 Häftlinge begraben liegen. Manche der Überlebenden ließen sich für immer auf der Insel nieder.

Vom Gipfel des Mont Nga, dem höchsten Punkt der Insel, kann man ein herrliches Panorama genießen: Landzungen, die weite Buchten umschließen, die Inselketten in der Lagune, ausgedehnte Sandstrände, die stillen und glasklaren Küstengewässer und natürlich die Araukarien mit ihren himmelwärts gerichteten Zweigkronen. Schon die ersten Europäer staunten über die markante Silhouette dieser Bäume, die 50 m hoch werden und deren Stamm einen Durchmesser bis zu 5 m erreicht. Diese bizarren Nadelbäume umschließen auch die Kanumerabucht, an der das einzige Hotel der Insel liegt. Im Inneren der Insel kann man den geheimnisvollen Spuren der prämelanesischen Kultur nachgehen, darunter die Höhlen von Oro, deren Eingänge hinter sanft wogenden Baumfarnen versteckt liegen, außerdem Hügelgräber und Keramikgegenstände, die in Vao gefunden wurden.

Die etwa 1000 einheimischen, in acht Stämme gegliederten Bewohner der Île des Pins sind zwar enger als die Einwohner von Grande Terre mit ihren alten Traditionen verbunden, doch durch den Einbruch des modernen Lebens sind auch sie allgemein stark gefährdet.

Nirgendwo dagegen sind die alten, überlieferten Bräuche noch so lebendig wie auf den Loyalty-Inseln östlich von Neukaledonien. Die Inseln Ouvéa, Lifou, Tiga und Maré wurden durch einen Schutzvertrag zu einem Reservat, mit heute ca. 12 000 Einwohnern, das von einem Eingeborenenrat der Alten, einer Art Gemeinderat, geleitet wird.

Nur wer von den melanesischen Bewohnern eingeladen wird, mit den Stammesmitgliedern Bougna ißt und damit die Freundschaft besiegelt, darf das Stammesleben kennenlernen – die endlosen Gespräche, die Gesetze der Gastfreundschaft, die gemeinsame Jagd auf

▶ *Bei festlichen Anlässen schmücken sich die Melanesier mit einer einfachen Krone aus Blättern und Ketten aus Pflanzenfasern.*

▲ *Seit ihrer Bekehrung zum Christentum tragen alle melanesischen Frauen die weiten, sehr farbenfrohen „Missionskleider".*

Flughunde oder Schildkröten. Bemerkenswert ist auch, daß hier noch Reste eines alten Tauschhandels erhalten geblieben sind: Jeder Stamm besitzt einen Korb mit hölzernen Figürchen, die mit Perlen und geschliffenem Perlmutt verziert sind und die Urahnen darstellen. Bei wichtigen Ereignissen wie Geburt, Hochzeit oder Begräbnis werden diese Figürchen unter den Beteiligten ausgetauscht. So sollen die Beziehungen untereinander und zu den Urahnen gestärkt werden.

Landschaftlich ähneln die Loyalty-Inseln stark den Atollen Polynesiens: flache Landmassen, die sich nur wenig aus dem Meer erheben, tiefe Einbuchtungen, Kokospalmen und kleine Dörfer mit einer üppigen Vegetation aus Frangipani, Hibiskusgewächsen und Bougainvilleen. Das ist zweifellos auch der Grund, weshalb sich die Tahitianer im 18. Jh. auf diesem Archipel ansiedelten. Die herrlichen Sandstrände von Maré sind auch heute noch nahezu unberührt, denn auf der Insel gibt es keine Touristenhotels.

▶ *Vermutlich tröstete die paradiesische Umgebung der Île des Pins die Verbannten der Pariser Kommune, die hier von 1871 bis 1880 in Gefangenschaft waren (Bucht von Kanumera).*

▶▶ *Inmitten der üppigen Vegetation und der riesigen Kokospalmen wirkt diese weiß-rosa Kirche wie ein Spielzeug.*

▲ *Die ersten Kolonisten ließen sich an der Küste von Malekula nieder, einer der größeren Inseln des Archipels Vanuatu, um Kopra zu produzieren. Oft vernichteten jedoch die regelmäßig auftretenden Wirbelstürme große Teile der Kokosplantagen.*

Vanuatu

Bis 1980 als die Neuen Hebriden bekannt, ist die aus etwa 80 vulkanischen Inseln bestehende, junge Republik mit ihren großen tropischen Wäldern voller exotischer Vögel und einer reizvollen Vulkanlandschaft die Heimat des seltsamen „Cargo-Kults".

NACHDEM der Portugiese Pedro Fernandes Quirós 1606 die Inselgruppe entdeckt hatte, geriet sie zunächst wieder in Vergessenheit. Erst 1774 erforschte James Cook die Inseln und gab ihnen den Namen Neue Hebriden. Mehr als ein Jahrhundert lang bekamen die Insulaner nur Weiße zu Gesicht, die nach dem begehrten Sandelholz suchten; durch eingeschleppte Krankheiten und die Deportierung der Eingeborenen als Plantagenarbeiter nach Australien wurde die Bevölkerung stark dezimiert. Den britischen Missionaren, die Ende des 19. Jh. auftauchten, setzten die Eingeborenen erbitterten Widerstand entgegen, und so blieben diese Inseln lange nahezu frei von europäischen Einflüssen.

Von 1906 bis 1980 erhielten die Neuen Hebriden den Status eines britisch-französischen Kondominiums und wurden von beiden Ländern gemeinsam verwaltet. Nachdem sich das Kondominium 1974 die innere Unabhängigkeit erkämpft hatte, wurde es 1980 zur Präsidialrepublik und damit völlig unabhängig. Englisch und Französisch sind noch immer die Amtssprachen von Vanuatu, Umgangssprache ist das einheimische Bislama, ein lokales Pidgin-Englisch.

Die gegenwärtig 143 000 Bewohner, die unterschiedlichen ethnischen Gruppen angehören, leben zum Teil noch in intakten Stammesverbänden und produzieren für den Export Kakao, Holz, Kopra und Rindfleisch, während sie selbst hauptsächlich vom Fischfang und vom Anbau des Taros und der Yamswurzeln leben. Kopra, ein

▲ *Beim Tokafest, der bedeutendsten Feier auf der zur Republik Vanuatu zählenden Insel Tanna, tragen die Tänzer einen langen Stock aus Schilfrohr, an dessen Ende sich eine weißbemalte, hakenförmige Spitze befindet.*

Produkt aus dem Fleisch der Kokosnüsse, macht allein etwa 60% der Exporte aus. Die Einheimischen züchten außerdem auch Schweine, die jedoch als Nahrungsquelle kaum von Bedeutung sind. Vielmehr dienten die Hauer der Tiere früher neben den Muschelketten als Zahlungsmittel und als Kennzeichen des gesellschaftlichen Rangs.

Das Klima von Vanuatu ist heiß und feucht. Während des Winters auf der südlichen Halbkugel wölbt sich ein strahlendblauer Himmel über den grünen Inseln und stillen Lagunen, doch wenn die Passatwinde wehen, färbt sich der Himmel über den Wäldern und Savannen von Vanuatu trübgrau, was der Landschaft ein unwirkliches und manchmal sogar etwas beklemmendes Aussehen verleiht. Dieser Eindruck wird noch verstärkt durch die fünf aktiven Vulkane des Archipels. Fast alle Inseln des Archipels sind vulkanischen Ursprungs.

Außergewöhnliche Kulte
Cargo und Todessprung

Viele Einwohner der Insel Tanna, die Anfang des 19. Jh. besonders stark unter Menschenjägern zu leiden hatte, sind seit dem letzten Weltkrieg Anhänger des John-Frum-Kults, dem zufolge den Eingeborenen die Entführten zurückgebracht und Glück und Wohlstand beschert werden sollen, wenn sie die Weißen vertreiben können. Die Landung großer amerikanischer Truppenverbände mit all ihren Gütern im Jahr 1942 deuteten die Eingeborenen als Erfüllung jener alten Weissagung. Die Soldaten luden Vorräte ab, die für die Insulaner enorme Reichtümer darstellten und von denen die Anhänger des sogenannten Cargo-Kults, wie er später genannt wurde, glaubten, diese seien für sie bestimmt. Zwar wurden ihre Hoffnungen enttäuscht, aber der Glaube an den erhofften Segen ist, auch auf benachbarten Inseln, noch lebendig.

Auch die „Landtaucher" auf der Pentecost-Insel (Pfingstinsel) leiten ihre Tradition von einer Legende ab. Um ihrem bösen Ehemann zu entkommen, soll sich eine Frau vom Wipfel eines Baums herabgestürzt haben; da sie jedoch ihre Füße an Lianen festgebunden hatte, blieb sie selbst unverletzt, ihr Verfolger hingegen sprang in den Tod. Seither bauen die Männer des Dorfes Bunlap über 20 m hohe Gerüste und stürzen sich kopfüber von diesen in die Tiefe, wobei an ihren Füßen befestigte Lianenseile dafür sorgen, daß sie nur wenige Zentimeter über dem Erdboden abgefangen werden. Da die Lianen sehr elastisch sind, kommt es nur selten zu Verletzungen.

Die Inseln von Vanuatu, die in der Monsunzeit von gewaltigen Regenfällen heimgesucht werden, haben erst in letzter Zeit allmählich damit begonnen, sich dem Tourismus zu öffnen. Wer sich aufmacht, die Gebräuche und Lebensweisen einer Inselbevölkerung kennenzulernen, die mit ihrem erstaunlichen kulturellen Reichtum zu den faszinierendsten Gemeinschaften Ozeaniens zählt, kann sich noch wie ein echter Entdeckungsreisender fühlen.

▶ *Nach dem Tod eines Stammeshäuptlings wurde früher dessen Schädel in Ton modelliert, bemalt und auf einer Puppe befestigt.*

▲ Auf der Insel Tanna versammeln sich Anhänger des sonderbaren Cargo-Kults unter einem riesigen Waringinbaum an der Sulphur Bay.

▶ Die ursprünglichsten Kunstgegenstände von Vanuatu sind riesige Totempfähle aus Baumstämmen, die von geschnitzten Köpfen gekrönt sind.

▲ *Die Vorfahren der Eingeborenen Mikronesiens waren geschickte Seefahrer und ausgezeichnete Navigateure. In solchen seetüchtigen Auslegerbooten mit dreieckigen Segeln machten sie sich einst von Südostasien auf, um die Inselwelt im Pazifik zu besiedeln.*

Mikronesien

Verstreut über einen riesigen Meeresraum zwischen dem Äquator und dem nördlichen Wendekreis, gelten viele der Inseln Mikronesiens, die in unabhängige oder mit den USA assoziierte Staaten aufgeteilt sind, (noch) als ein Paradies.

KASALÉHLIA! Mit diesem wohlklingenden und melodischen Gruß wird der Besucher Mikronesiens willkommen geheißen, zu jeder Tageszeit und bei jeder Gelegenheit. Der Gruß bedeutet „guten Morgen", „guten Abend", „auf Wiedersehen" oder einfach „Hallo" und wird immer von einem breiten, warmen Lächeln begleitet. Er ist das Gegenstück zum *Ia Orana*, dem Gruß der Polynesier. In diesem Wort spiegeln sich die Lebensfreude und das Glück der Bewohner dieser sonnigen Inseln.

Mikronesien, winzig in den unermeßlichen Weiten des Pazifik, gehört zweifellos zu den unbekanntesten und vergessensten Teilen Ozeaniens. Nur sehr wenige Europäer werden in der Lage sein, dieses Gebiet auf der Karte genau zu identifizieren und ein oder zwei Namen von Inseln und Atollen dieses Archipels richtig zu benennen.

Und doch verteilt sich Mikronesien (der Name bedeutet soviel wie „kleine Inseln") über eine Meeresoberfläche von nahezu 8 Mio. km² im Nordwesten des Pazifik; das entspricht fast der Oberfläche der USA. Der gesamte Archipel mit seinen Tausenden von Inseln und winzigen Inselchen ist von Westen nach Osten etwa 5000 km und von Norden nach Süden ungefähr 2000 km lang, während die gesamte Landoberfläche etwa der des Großherzogtums Luxemburg entspricht. Deshalb ist es nicht verwunderlich, daß der portugiesische Erdumsegler Ferdinand Magellan quer durch den ganzen Archipel fahren konnte, ohne auf eine einzige Insel zu stoßen, bevor er im März 1521 süd-

▲ *Zahlreiche kleine Koralleninseln, die sich wie Juwelen aus der unendlich blauen Weite der See erheben, weisen auf untermeerische Erhebungen hin.*

lich der Marianen rein zufällig die Inseln Guam und Rota entdeckte. Ohne Karte und Hilfsmittel hatte dieser berühmte Pionier der Seefahrt tatsächlich kaum eine Chance, eines jener winzigen, weitverstreuten Landstückchen zu finden, die teilweise kaum über die Wellen hinausragen.

Ebensowenig konnte Magellan damals wissen, daß die beiden Inseln, die er gefunden hatte, den Anfang einer langgestreckten Gruppe von Inseln bilden, die später den Namen Marianen erhielten.

Faszinierende Atolle
Inseln aus Korallen

Abgesehen von den 16 vulkanischen Inseln der Marianen, ist Mikronesien wie keine andere Region der Erde ein Gebiet der Atolle, niedriger, langgestreckter Inseln mit wunderschönen weißen Sandstränden, die seichte Lagunen in smaragdgrünen bis azurblauen Farbtönen einschließen. Bis auf die wenigen Durchlässe zum offenen Meer bilden die Atolle oft fast perfekte Kreise in der Weite des Ozeans.

Die Atolle haben zu allen Zeiten die menschliche Phantasie beflügelt. Aus der Vogelschau bieten sie Bilder von atemberaubender, unvergleichlicher Schönheit. Aber auch diese Wunder der Natur haben inzwischen der modernen Forschung ihre Geheimnisse preisgegeben.

Beim Absinken von Vulkaninseln und Ansteigen des Meeresspiegels nach dem Eiszeitalter konnten die Korallen der Saumriffe, die die Inseln im warmen, lichtdurchfluteten Meer umgaben, rasch nach oben wachsen und so mit dem Versinken der Inseln Schritt halten. Bei den Atollen ist von der früheren Vulkaninsel im Zentrum des kreisförmigen Inselbogens keine Spur mehr zu sehen. Wenn die Inseln durch ihr großes Gewicht die ozeanische Erdkruste so rasch nach unten drücken, daß die Korallen in die dunkle Meerestiefe sinken und absterben, bilden sich kegelförmige Tiefseeberge, die an der höchsten Stelle durch die frühere Brandung wie gekappt erscheinen. Sie bedecken zu Tausenden den Tiefseeboden des Pazifischen Ozeans.

Auf den Atollen wandeln Brandung, Regen und Sonne die abgestorbenen Korallen im Lauf der Zeit in feinen weißen Sand um. Die flachen Inseln mit ihren traumhaften Stränden überziehen sich allmählich mit einem dichten Pflanzenkleid, da Vögel und Meeresströmungen Samen herantragen.

Eines der Atolle Mikronesiens, das früher völlig unbekannt war, gelangte in den 50er Jahren zu trauriger Berühmtheit. Wissenschaftler nahmen von ihm Besitz, nicht, um die Entstehung und Entwicklung der Koralleninseln, ihre Flora und Fauna und ihre biologischen Gesetzmäßigkeiten zu erforschen, sondern um die Kräfte der Kernenergie zu testen und die Auswirkungen radioaktiver Verseuchung zu untersuchen.

▶ *Die kahlen und unwirtlichen Nördlichen Marianen sind vulkanischen Ursprungs. Einige Vulkane, wie dieser auf der Insel Asuncion, sind noch aktiv.*

▶▶ *Eine üppige Vegetation bedeckt die Karolinen, den größten und am dichtesten bevölkerten Archipel Mikronesiens.*

▲ *Großflächige Tätowierungen über den ganzen Körper wie bei diesem Häuptling von den Yapinseln (Karolinen) sind oft äußere Kennzeichen der sozialen Stellung und Macht. Ansonsten tragen die Männer der Inseln nur ein Lendentuch.*

Verseuchte Natur
Das Bikini-Atoll

Bikini, eine Ansammlung sandiger, kleiner Koralleninseln im Nordwesten der Marshallinseln, auf denen Schrauben- und Kokospalmen wachsen, umschlossen von einem langgestreckten Gürtel aus Korallenriffen, wurde von 1946 bis 1962 zum Versuchsgebiet für eine Serie von Atombombenexplosionen bestimmt, deren Auswirkungen in der ganzen Welt registriert wurden und die Hunderte von Mikronesiern radikal entwurzelten. Noch heute, Jahrzehnte danach, ist Bikini verbotenes Gebiet. Die auf andere Inseln evakuierten Bewohner haben vergeblich versucht, in das durch die radioaktive Verseuchung unbewohnbar gewordene Land ihrer Vorfahren zurückzukehren. Bikini wurde schließlich mit einem Aufwand von mehreren Millionen Dollar gereinigt, und einige der ehemaligen Bewohner wurden „versuchsweise" wieder angesiedelt, mußten jedoch schon bald erneut evakuiert werden, da man in ihrem Blut und Körpergewebe ebenso wie in der gesamten Umwelt Spuren radioaktiver Elemente fand. Das Bikini-Atoll ist übrigens keineswegs das einzige Atoll, das militärischen und wissenschaftlichen Interessen geopfert wurde – man denke etwa an die französischen Kernwaffentests auf dem Mururoa-Atoll in Französisch-Polynesien.

Die günstige strategische Lage Mikronesiens im nördlichen Pazifik hinsichtlich des asiatischen Festlandes, Indonesiens und Australiens hat seit Anfang des 19. Jh. das Interesse der Kolonialmächte und später das der heutigen Großmächte geweckt. Während des Zweiten Weltkriegs fanden hier die blutigsten Auseinandersetzungen zwischen den Japanern und den Amerikanern statt. Fast alle Inseln Mikronesiens wurden von den Armeen beider Länder angegriffen, beschossen, bombardiert und oft lange umkämpft. Vielerorts kann man noch heute von der Vegetation überwucherte Wrackteile von Flugzeugen und Geschützen finden.

Der amerikanische Einfluß
Kaugummi und Lendenschurz

Von 1947 bis 1986, als sie sich frei mit den USA assoziierten, waren diese Inseln Treuhandgebiete der USA, und die äußeren Kennzeichen des *American way of life* wie Kaugummi, Coca-Cola, Jeans, T-Shirts, Transistorradios und Betonhäuser mit Wellblechdächern wurden bei den Mikronesiern so populär, daß sie die alten Traditionen weitgehend ablösten. Vor allem die Jüngeren erliegen der amerikanischen Versuchung und revoltieren gegen die alten Sitten und Traditionen sowie gegen die Autorität der

▶ *Die Bewohner von Yap halten den Ahnenkult noch in Ehren. Die runden Steinscheiben rechts und in der Bildmitte bildeten früher die Inselwährung. Die größten dieser „Steinmünzen" können mehrere Tonnen wiegen.*

▼ *Die Frauen der Yapinseln stellen ihre weiten Röcke aus Blättern, Gräsern und Fasern her.*

MIKRONESIEN / 75

▲ *Von den Chamorro, die sich vor der Ankunft der Spanier auf den Südlichen Marianen niedergelassen hatten, sind diese Reste einer Megalithkultur erhalten.*

Familienclans. Sie möchten nur zu gerne an der modernen Welt mit ihren Vergnügungen, Diskotheken und Kinos, dem Fernsehen und den Luxushotels teilhaben. Allerdings gilt dies hauptsächlich für die Jugendlichen in den Städten, wo man die Kinder der wohlhabenderen Eingeborenen wie überall auf der Welt auf knatternden japanischen Motorrädern umherfahren sieht.

Andererseits trifft man aber immer wieder auf Frauen, die lediglich mit dem traditionellen, aus Bast des Papiermaulbeerbaumes oder des Hibiskus gewebten Rock bekleidet sind, der nur Hüften und Oberschenkel bedeckt. Nach altem mikronesischem Brauch bleiben die Brüste oft nackt. Auch viele Männer sind der ursprünglichen Bekleidung treu geblieben; sie tragen nur einen schmalen Lendenschurz aus weißem oder rotem Baumwollstoff.

Die lebendigen und fröhlichen Kinder der Südsee lachen über die Touristen, die sich ungeschickt mit ihrem Gepäck abmühen und von der grellen Sonne geblendet sind. Es wird gescherzt, gedrängelt, geschrien, und man hört die seltsamsten Namen – manche klingen eindeutig japanisch und für westliche Ohren völlig unverständlich, doch viele sind englisch oder, besser gesagt, amerikanisch: *Honey, Lovely, Ducky* usw. Touristen sollten deshalb nicht überrascht sein, wenn sich ihnen Kinder als *Cigarette, Maybe, Careful* oder *Careless* vorstellen.

Trotz einer durchschnittlichen Jahrestemperatur von 27 °C im Schatten ist die Hitze dank des milden Passatwindes nicht drückend. Die Inselwelt Mikronesiens ist wohl tatsächlich eines der letzten Paradiese der Erde, und man möchte kaum glauben, daß diese traumhafte Region im Zweiten Weltkrieg eine wahre Hölle gewesen ist. Hier gibt es vielleicht weniger Blumen, weniger Gesang und weniger Tanz als in Polynesien, dafür aber unendlich viel Raum und eine üppige, wilde Natur. Von den 2200 Inseln sind nur 96 bewohnt, und zwar von etwa 315 000 Menschen. Dank des tropischen Meeresklimas sind die hohen Vulkaninseln mit dichtem Dschungel und die niedrigen Koralleninseln mit Wäldern von Filaos und riesigen Kokospalmen bewachsen, während auf den Atollen Strauchvegetation vorherrscht.

Diese Inselwelt ist nicht nur ein Paradies für Vögel, von denen viele Arten hier überwintern oder nisten. Fische und Schalentiere bevölkern das Meer in großer Zahl, und vor allem an den Korallenriffen kann man Tiere in den wunderlichsten Formen und grellen Farben finden. Die Inseln sind auch Orte der Inspiration für Künstler, Schriftsteller und Zivilisationsmüde auf der Suche nach dem Naturzustand, vorausgesetzt, sie passen sich dem einfachen Dasein der Inselbewohner an, die vom Fischfang, von der Schweine- und Geflügelzucht und von den Früchten des tropischen Landbaus leben.

Vielseitige Inselformen
Korallenriffe und Vulkane

Das feuchtwarme Klima, typisch für die tropischen Gebiete, ist nicht überall gleich in dieser Region; je weiter die Inseln vom Äquator entfernt liegen, um so ausgeprägter wird der Wechsel von Regen- und Trockenzeiten, der die Vegetation ebenso beeinflußt wie die Lebensgewohnheiten der Tiere und der Menschen mit ihren Kulturen.

Auf den Gilbertinseln und auf den Marshallatollen, die dem Äquator am nächsten liegen, haben die reichen Niederschläge Mangrovenwälder und dichtes Gebüsch hervorgebracht, während die Vegetation auf den nördlichen Marshallinseln, wo der Regen spärlicher und nur zu bestimmten Jahreszeiten fällt, karger und weniger dicht ist.

Die Marshallinseln bestehen aus zwei parallel von Südosten nach Nordwesten verlaufenden Inselketten von 1300 km Länge, die ungefähr 250 km voneinander entfernt liegen. Die Atolle Bikini und Eniwetok bilden zusammen mit dem Kwajaleinatoll einen Teil der westlichen Ralikgruppe.

Die vulkanischen Marianen, deren höchste Gipfel 200–300 m erreichen und die ei-

nen Inselbogen von mehr als 900 km Länge bilden, sind der südliche Teil eines langen, untermeerischen Rückens, der mit dem Palauarchipel beginnt, in den Marianen nach Nordwesten abbiegt, auf der Höhe von Tokio den japanischen Inseln folgt und schließlich im hohen Norden bei der Halbinsel Kamtschatka endet.

Diese Kette von vulkanischen Inseln wird im Osten von mächtigen Tiefseegräben flankiert, die Tiefen von 6000 bis über 10 000 m

▲ *Pagan ist mit einer Oberfläche von rund 100 km² die größte der zehn Vulkaninseln, die die Gruppe der Nördlichen Marianen bilden.*

erreichen. Im Marianengraben liegt daher auch die mit 11 022 m tiefste bekannte Stelle der Weltmeere, die Witjastiefe. Am 23. Januar 1960 brach die *Trieste II*, jenes berühmt gewordene, von dem Schweizer Professor Auguste Piccard eigens zur Erforschung des Meeresbodens entwickelte Tiefseetauchboot, alle Tauchrekorde. Die *Trieste II* sank bis in 10 910 m Tiefe auf den Grund des Marianengrabens hinab.

Die nördlichen Inseln, die nahezu vollständig aus erloschenen oder nur zeitweise aktiven Vulkanen bestehen, sind unbewohnt. Auf den steil aus dem Ozean emporragenden, meist unwirtlichen Felseilanden ist außer Kolonien von Seevögeln kaum anderes Leben anzutreffen. Einige der Vulkankegel sind durch Erosion tief zerklüftet, andere von Lavaströmen aus jüngerer Zeit bedeckt. Die mächtigen Felsen in ihrer schroffen Unnahbarkeit bieten nicht selten einen beklemmenden Anblick, der gleichwohl einen tiefen Eindruck hinterlassen kann. Wenn man vorher einige der flachen, grünen Atolle besucht hat, wähnt man sich hier in einer völlig anderen Welt. Zwischen

▶ *Sonnenaufgang über dem Meer: Die riesige Lagune, die die Trukinseln umschließt, ist einer der schönsten Flecken auf den Karolinen.*

▲ *Unter dieser Mondlandschaft des Atolls Nauru im äußersten Süden von Mikronesien liegt ein großes Phosphatvorkommen.*

den drohenden Formen dieser Vulkaninseln tauchen allerdings hier und da kleine Korallenformationen aus den Wellen auf, grau und von unregelmäßiger Form.

Die Südlichen Marianen haben die fließenderen, abgerundeteren Formen verwitterter Vulkane, und hier kann man auch wieder fruchtbare Küstenebenen finden. Viele dieser Inseln sind gute Beispiele dafür, wie sich die Vegetation allmählich in die höheren Bereiche aus vulkanischem Gestein vorkämpft. Das gilt z.B. für die Südseite von Guam, der mit 549 km² größten Insel dieser Gruppe. Die Nordseite ist gekennzeichnet durch eine Reihe von Kalkplateaus, die zum Teil mit Sedimentschichten aus Sand oder Lehm bedeckt sind. Die Insel Guam ist ausnahmsweise überwiegend grün, nicht zuletzt, weil Bäche und Flüsse, die teilweise in tief eingeschnittene Täler eingebettet sind, das ganze Jahr über für eine gute Bewässerung sorgen. Anders sieht es auf der Insel Tinian aus. Die Wasserläufe dieser Insel trocknen rasch aus, ansonsten gibt es auf dem Eiland nur schwefelhaltige Quellen und salzige Lagunen.

Die regenreichen Hänge vieler Inseln sind bis zum Gipfel mit dichtem Urwald bedeckt, während in Tälern und Ebenen, wo sich die Kokospalmen im Wind wiegen, die Schachbrettmuster der Kulturlandschaft das Bild bestimmen. Neben Reisfeldern liegen auch Äcker, auf denen Zuckerrohr, Baumwolle, Mais, Tabak, Indigo und Kaffee angebaut werden. Viele Obstbaumsorten gedeihen hier ausgezeichnet, und in jedem Gärtchen gibt es mindestens ein paar Bananenstauden sowie einen großen Mango- oder Brotfruchtbaum als Schutz gegen die Sonne.

Der Brotfruchtbaum stammt wahrscheinlich ursprünglich von den Marianen. Die großen Früchte dieses bemerkenswerten Baums werden als Gemüse gekocht oder gebraten und sind für viele Bewohner Ozeaniens ein Grundnahrungsmittel. Aus dem Holz des Brotfruchtbaums bauten die Vorfahren der Mikronesier die Prau, das seetüchtige Auslegerboot, mit dem sie über große Strecken von Insel zu Insel fuhren. Auf ihren Reisen gehörten neben Kokosnüssen, Taroknollen, Süßkartoffeln, Hühnern und Schweinen auch Schößlinge des Brotfruchtbaums mit zum Proviantvorrat.

Die Marianen sind wie die meisten Pazifikinseln von einem Ring aus Riffen und Korallenbänken umgeben, die mit ihren weißen Schaumrändern und den saphirblauen Lagunen der erhabenen, stillen Schönheit dieser tropischen Inseln den passenden Rahmen verleihen. Besonders schön ist die Insel Saipan, eine der am heftigsten umkämpften Inseln während des Zweiten Weltkriegs.

Die Karolinen
Grenzenlose Vielfalt

Von seiner Ausdehnung her ist der Archipel der Karolinen bei weitem der größte Mikronesiens. Die langgestreckte, von Westen nach Osten verlaufende Inselgruppe füllt nahezu das gesamte Gebiet zwischen den Marianen und den Marshallinseln aus. Über eine riesige Meeresfläche von 3,4 Mio. km² liegen 963 Inseln mit insgesamt kaum 1200 km² Fläche verstreut. Palau mit der größten Insel Babelthuap und die Föderierten Staaten von Yap, Truk, Pohnpei und Kusaie umfassen viele malerische Südseeinseln vulkanischen Ursprungs.

Yap und die Palauinseln, gebirgige Inseln mit erloschenen Vulkanen, die von zahlrei-

▶ *Mädchen von Ulithi, einem Atoll der Westlichen Karolinen, die an den Marianengraben, den tiefsten Tiefseegraben der Welt, angrenzen.*

chen Atollen und steil aufragenden, oft sehr markant geformten Koralleninseln umgeben sind, gehören zu jenem großen ozeanischen Rücken, der sich in den Marianen fortsetzt. Yap besteht aus vulkanischen Gesteinen mit einer sehr fruchtbaren Bodendecke und wird zusammen mit zwei anderen Inseln sowie noch etwa zehn weiteren winzigen Eilanden von einer großen Lagune umschlossen. Die Palaugruppe ist eine Ansammlung vulkanischer Inseln, die von mächtigen, terrassenartig ansteigenden Kalkablagerungen bedeckt sind und durch ein eindrucksvolles Korallenriff von 80 km Länge miteinander verbunden werden.

Harte Schlagschatten unterstreichen das vom üppigen Grün dichter Wälder und ertragreicher Plantagen bedeckte Relief dieser hügeligen Inseln in den sonnenüberfluteten Lagunen. Aus der Vogelperspektive bieten die Inseln dem Auge den Anblick einer verschwenderischen Schönheit, und man kann verstehen, warum die Japaner während ihrer Mandatszeit von 1919 bis 1945 hier die Mandatsverwaltung einrichteten. Doch die wohlhabende Stadt Koror mit ihren schönen Häusern im Kolonialstil, den prachtvollen Gärten und Parks und den von Orchideenbäumen und Kokospalmen gesäumten Straßen wurde gegen Ende des Zweiten Weltkrieges völlig zerstört.

Auf Yap findet man häufig noch jene großen, manchmal übermannshohen Steinscheiben mit einem Loch in der Mitte, durch das man einen Pfahl stecken kann, mit dessen Hilfe sie dann getragen werden konnten. Bis der Dollar als Zahlungsmittel auftauchte, dienten die großen Scheiben als eine Art „Steingeld" beim Handel der Dörfer untereinander und symbolisierten die Macht der Häuptlinge und in gewissem Sinn auch den Wohlstand der Gemeinschaft. Die Steine wurden in einem bestimmten Steinbruch auf Palau gebrochen. Ihr Wert ergab sich nicht

▲ *Bevor die Kolonialmächte Papiergeld auf den Yapinseln einführten, dienten diese Steinscheiben als Zahlungsmittel zwischen den Dörfern. Der Wert des Steingeldes richtete sich nach dem Durchmesser der Scheiben; mit den größten konnte man ein ganzes Dorf erwerben.*

zuletzt aus dem Bearbeitungsaufwand und dem langen und gefährlichen Transport über das Meer. Über die Dörfer verstreut sind ungefähr 10 000 dieser Scheiben erhalten geblieben. Meist stehen sie in Reihen neben einer großen Hütte, in der der Dorfrat zusammentritt. Heute werden die Steine fast nur noch bei bestimmten Zeremonien verwendet. Ausgebleicht von Sonne und Regen, haben viele dieser runden Symbole vergangener Macht nun auf kleinen Hügeln ihren Ruheplatz gefunden.

Die mittleren Karolinen sind überwiegend Atolle, mit Ausnahme der Gruppe der Trukinseln, eines Atollrings von Koralleneilanden. In dieser Lagune, die einen Durchmesser von 50 km hat, soll man angeblich mühelos alle Inseln Mikronesiens unterbringen können. Sie ist seit dem letzten Krieg der größte Schiffsfriedhof der Erde.

Den östlichen Teil der Karolinen bilden acht relativ niedrige größere, zahllose kleine und die beiden hohen Inseln Pohnpei (früher Ponape) und Kusaie. Die alten Vulkane dieser Inseln, die man an ihrer dunklen Basaltfarbe erkennen kann, sind trotz der starken Erosion immer noch 800 m (Pohnpei) und 680 m (Kusaie) hoch und gehören damit zu den höchsten Gipfeln des Archipels und ganz Mikronesiens (der höchste ist der fast 890 m hohe Vulkan von Asuncion auf der gleichnamigen Marianeninsel).

Die Berge von Pohnpei und Kusaie mit ihren oft in Wolken gehüllten Gipfeln sind an ihren Hängen üppig bewachsen und von Korallenbänken und langen Sandstränden umsäumt. Wie auf den übrigen Karolinen herrscht auch auf diesen Inseln, praktisch ohne Trockenzeit, das feuchteste tropische Klima ganz Mikronesiens. Auf Pohnpei beträgt der durchschnittliche Niederschlag pro Jahr 2500 l pro m^2, weshalb es kaum überrascht, daß die Insel fast vollständig mit üppigem Urwald bedeckt ist. Zahlreiche Wasserfälle stürzen am Fuß der Berge in kleine, glasklare Seen, in denen Frauen waschen und Kinder fröhlich planschen.

Die Bewohner der Insel Pohnpei neigen dazu, Besucher davon überzeugen zu wollen, daß es sinnlos wäre, die Reise fortzusetzen. Ihre Insel sei die schönste, die herrlichste ganz Ozeaniens, und es fällt nicht schwer, ihnen zu glauben. Alles ist hier so grün, so üppig und exotisch! Der Urwald aus Bambus, riesigen Baumfarnen und Palmen strömt einen warmen Humusgeruch aus. Die Waldriesen, die die wunderlichen Tentakel ihres Wurzelsystems über den Boden nach allen Seiten ausstrecken, beherbergen auf ihren Stämmen und Ästen eine erstaunliche Vielfalt von Farnen, Arazeen und Orchideen. Von den Baumkronen hängen Lianen wie Vorhänge mit zum Teil grellgefärbten Blüten herab. Hier und da strecken dichte Büschel von wilden Ingwerpflanzen ihre leuchtenden Ähren aus der Pflanzendecke.

Die Insulaner betreten diesen Urwald nur selten, sie bleiben in der Küstenregion und in den niedrigeren Tälern, in der Nähe ihrer mit Pandanus- und Palmblättern bedeckten Hütten und ihrer Äcker, auf denen sie Maniok, Taro, Süßkartoffeln, Yams- und Pfeilwurzeln oder, wie in den Plantagen aus neuerer Zeit, Pfeffer und Kakao anbauen. Der Taro wird ebenso wie die Frucht des Brot-

▲ *Die Einwohner der Karolinen, Nachfahren von Melanesiern und Indonesiern, haben sich mittlerweile stark mit Japanern und Filipinos vermischt.*

fruchtbaums als Gemüse zubereitet und gehört zu den Hauptnahrungsmitteln dieses Gebiets; es handelt sich um die Wurzelknolle einer großen, schönen Pflanze, die zur Familie der Aronstabgewächse gehört und auf bewässerten Feldern angebaut wird. Die Taropflanze bildet eine Krone aus großen, schildförmigen Blättern, die bei manchen Unterarten ebenfalls eßbar sind, doch wird sie ebenso wie die Pfeil- und Yamswurzel und die Batate (Süßkartoffel) hauptsächlich wegen der stärkereichen Knollen angebaut.

Die Vegetation auf den Atollen ist völlig anders geartet, weil der Boden hier viel karger ist und der Sand und die Korallenablagerungen kein Oberflächenwasser festhalten.

Typisch für die Atolle sind die rauschenden grünen Kronen der Kokospalmen, die die Kopra liefern, das weiße Mark der Kokosnuß, eines der wichtigsten Naturprodukte und Exportgüter Mikronesiens. Aus Kopra gewinnt man ein Öl, das vor allem für kosmetische Erzeugnisse verwendet wird. Zu bestimmten Zeiten unternehmen die Insulaner eine Rundreise zu den kleinsten und abgelegensten Atollen, um die Kokosnüsse zu sammeln und sie dann in ihren schlanken Booten zu den Lagerplätzen zu transportieren, wo die Kopra getrocknet wird.

Vögel und Mangroven
Die reiche Natur der Atolle

Die von Palmen gekrönten und von weißen Sandstränden gesäumten Atolle sind das Reich der Vögel und der Fischer, die ihre Netze hier auf offener See auswerfen oder durch die Lagune schleppen, um auf diese Weise Muränen, Tintenfische und kleine Haie zu fangen. In kleinen Gemeinschaften, die oft aus ein paar Familien bestehen, führen sie fernab der modernen Welt ein sehr einfaches Leben.

Die sonnigen, aber auch ziemlich trockenen Atolle tragen gewöhnlich ein Pflanzenkleid von niedrigen, dichten Sträuchern, die gelegentlich von der zierlichen Silhouette einer Schraubenpalme (*Pandanus*) unterbrochen werden, deren lange, gestreifte Blätter die Insulaner zum Bau von Hütten verwenden. Manchmal findet man an den Stränden einen grünen Saum von besonders kräftigen Sträuchern, in denen Hunderte von Vögeln nach Nahrung suchen und gelegentlich auch nisten, obwohl die meisten Vogelarten ihre Eier auf dem Boden ausbrüten. Diesen Vogelkolonien, die zuweilen aus Tausenden von Vogelpaaren bestehen, ist der Guano zu verdanken, ein phosphatreicher Dünger, der u. a. auf Nauru und Banaba südlich der Marshallinseln gewonnen wird.

Die großen Fregattvögel, deren Männchen in der Paarungszeit ihren roten Kehlsack aufblähen, bauen ihr Nest in diesen kleinen, dürftigen Schraubenpalmen, und da sie keine Angst vor Menschen haben, kann man sie ganz aus der Nähe beobachten.

Auch riesige Scharen von Zugvögeln lassen sich während ihrer weiten Reisen auf den Atollen nieder, um hier auszuruhen und sich an Krabben, Muscheln und Fischen zu stärken. Nicht selten befinden sich darunter auch Arten, die uns aus den gemäßigten Zonen bekannt sind, beispielsweise Regenpfeifer (vor allem der Goldregenpfeifer), Brachvögel und Strandläufer.

Auch die Vulkaninseln mit ihren steilen Felswänden sind häufig Rast- und Brutplätze für Seevögel wie etwa die Baßtölpel oder die Tropikvögel mit den langen weißen Schwanzfedern. Die dunklen Felsen von Farallon de Pajaros („kleine Vogelinsel") im äußersten Norden der Marianen sind ein echtes Naturreservat mit Zehntausenden von Vögeln, die hier unaufhörlich umherfliegen, tauchen, ab- und wieder aufsteigen.

Zu den charakteristischen Landschaften Mikronesiens gehören nicht zuletzt die Mangroveninseln. Die Fortpflanzungsweise dieser Bäume erklärt, warum man sie so häufig an der Küste findet. Der Mangroven- oder Flutwald besteht aus Bäumen, die sowohl im Brackwasser der Lagunen als auch im Salzwasser gedeihen. Sie haben spezielle Atemwurzeln und Stelzwurzeln zum Abstützen der Stämme entwickelt. Ihre Samen keimen, bevor sie abfallen, und bilden längliche Wurzelkeimlinge, die im schlammigen Boden anwachsen. Sie können aber auch eine Weile auf dem Meer treiben, um sich schließlich an irgendwelchen anderen Ufern festzusetzen. Auf diese Weise wachsen auch dort neue Mangrovenwälder, die die Küste allmählich mit ihren Wurzeln, Stämmen und Zweigen überwuchern.

Im pazifischen Raum gibt es deshalb so viele Mangroveninseln, weil die Samen vieler anderer Pflanzenarten die großen Entfernungen zwischen den Inseln oft nicht so leicht überwinden können. Aus der Ferne wirkt das üppige Grün der Mangrovenwälder meist recht verlockend, doch aus der Nähe stellt man bald fest, daß diese Wälder nahezu undurchdringlich sind. Andererseits sind die Mangroveninseln der Lebensraum unzähliger Arten von Fischen, Schnecken, Muscheln, Watt- und Seevögeln, und nirgendwo gibt es so viele Krabben wie hier.

Meist sind die Atolle jedoch nur zum Teil von Flutwäldern überwachsen; ansonsten herrscht die in diesem Gebiet übliche Vegetation vor – vor allem findet man Windengewächse, die sich mit ihren langen Ausläufern im Sand festsetzen, und große Sträucher wie den Hibiskus.

Die Bevölkerung
Eine besonders bunte Mischung

Obwohl wir die Bewohner aller genannten Inselgruppen gemeinhin als „Mikronesier" bezeichnen, ist die Bevölkerung ihrer Abstammung nach keineswegs so einheitlich wie beispielsweise die Polynesiens. Jede Inselgruppe weist deutliche Unterschiede auf, was den Körperbau ihrer Bewohner sowie deren Sprache und Kultur betrifft. Besonders deutlich wird dies demjenigen, der die Inselwelt von Osten nach Westen bereist. So findet man auf Nukuoro und Kapingamarangi, zwei sehr abgelegenen Atollen der östlichen Karolinen, eine fast rein polynesische Bevölkerung, während auf den übrigen Karolinen ebenso wie auf den Gilbert- und Marshallinseln Menschen mit mehr oder weniger stark ausgeprägten indonesischen Zügen leben.

Die stärkste Rassenvermischung ist auf den Marianen zu erkennen, die dem asiati-

▶ *Der Giebel dieses großen Männerhauses auf der Palauinsel Koror, in dem sich früher die Dorfältesten zur Beratung versammelten, ist reich mit Bildern verziert, die wichtige Begebenheiten aus der Geschichte des Dorfes darstellen.*

schen Festland am nächsten liegen; hier haben sich die Nachfahren der alten Chamorro mit Spaniern, Filipinos, Deutschen, Japanern und Amerikanern vermischt.

Vermutlich wurde Mikronesien vor Jahrhunderten in mehreren Wellen von Westen her besiedelt. Diese Einwanderer, die schon früh den Gefahren des riesigen Ozeans trotzten, stammten aus Südwestasien und Indonesien. Sie wagten sich immer weiter in den Pazifik vor und ließen sich vermutlich in kleinen Gruppen auf den Inseln nieder, die zur Zeit ihrer Ankunft unbewohnt waren, wie aus dem gänzlichen Fehlen von Funden menschlicher Knochen aus älterer Zeit zu schließen ist.

Die ersten Besiedler Mikronesiens, hervorragende Seefahrer, fuhren tagsüber der aufgehenden Sonne entgegen. Nachts orientierten sie sich am Sternenhimmel, und sie stellten sogar besondere Seekarten her. Von den Marshallinseln kennt man einige solcher Karten, die bis vor kurzem noch benutzt wurden. Sie bestanden aus einem Rahmen aus dünnen Holzstäben, in dem mit anderen Stäben und Fasern der Schraubenpalme die Richtungen der Meeresströmungen angedeutet waren. Die Schnittpunkte warnten vor Gegenwinden, und kleine, auf die Stäbe gesteckte Muscheln gaben die ungefähre Lage der einzelnen Inseln an.

Aus diesen frühen Zeiten sind außerdem Zeugnisse älterer Kulturen erhalten geblieben, deren Bedeutung man bis heute nicht erklären konnte, z. B. mit länglichen, locker aufeinandergestapelten Basaltblöcken umfriedete Räume, die auf Nan Madol und vielen winzigen Inseln in der Lagune von Pohnpei zu finden sind. Anhand von Holzkohlenresten, die unter diesen Blöcken gefunden wurden, müssen sie vor mehr als 700 Jahren, also zu Beginn des 13. Jh., erbaut worden sein. Archäologen und Ethnologen sehen in diesen Bauwerken die Reste einer blühenden Zivilisation und vermuten, daß sie in der Zeit, in der Pohnpei noch von Stammeshäuptlingen regiert wurde, eher eine religiös-rituelle Funktion hatten.

Andere bis heute nicht eindeutig erklärbare Spuren sind die mehr oder weniger in regelmäßigen Reihen stehenden Steinblöcke, die man u. a. auf Guam sehen kann, und die Ruinen der *Marae*, altarähnliche Gebilde, die man auch auf den polynesischen Inseln antrifft. Möglicherweise wurden auf ihnen in früherer Zeit Menschen geopfert. Doch das ist schon fast alles, was man über diese mutigen Eroberer und die ursprüngliche Bevölkerung der Inseln weiß.

▶ *Die dicht bewachsene, gebirgige Insel Guam, die über die höchste Einwohnerzahl aller Inseln Mikronesiens verfügt, gehört zu den Südlichen Marianen.*

Die Kolonialgeschichte
Versklavt, verfolgt, vertrieben

1565, gut vier Jahrzehnte, nachdem Magellan die Insel entdeckt hatte, nahm Spanien Guam offiziell in Besitz. Etwa zwei Jahrhunderte lang diente sie als Zwischenstation für die mit Seide, Baumwolle und Gewürzen beladenen Karavellen und Galeonen, die von den Philippinen nach Amerika fuhren. Auf der Rückreise legten dieselben Schiffe, diesmal beladen mit Schätzen aus Peru und Mexiko, nochmals in Guam an, um ihren Proviant aufzufüllen.

Da viele Inseln Mikronesiens auf der Route der spanischen Handelsschiffe lagen, wurden sie schon im Lauf des 16. Jh. kartiert. 1529 entdeckte Diego de Saavedra die Marshallinseln, doch ihren Namen erhielten sie erst 1788, als der englische Kapitän John Marshall dort vor Anker ging.

Im Jahr 1667 erschienen die ersten europäischen Missionare – spanische Jesuiten, die die spanische Königin ausgesandt hatte. Ihrem Vornamen Maria-Anna verdankt der von Ferdinand Magellan entdeckte Archipel der Marianen seinen Namen. Die Inseln blieben bis zum Ende des 19. Jh. in spanischer Hand, ebenso wie die Karolinen, die nach Karl II. von Spanien benannt wurden.

Im 17. Jh. wurde die Südsee von Seeräubern beherrscht. Abenteurer der verschiedensten Art und Herkunft – ausgesetzte Meuterer, Deserteure, entflohene Deportierte, gewissenlose Händler und Profitjäger – zogen plündernd umher und wüteten auf den abgelegenen Inseln auf grausame und ausschweifende Weise.

Ihre Gier nach Gewinn ließ diese Leute vor nichts zurückschrecken: Sie handelten z. B. mit tätowierten Menschenköpfen, die sie von den Eingeborenen billig erwarben oder gegen geringwertige Dinge eintauschten und anschließend mit riesigem Gewinn an europäische Sammler weiterverkauften. Sie scheuten sich auch nicht, Eingeborene zu versklaven, die dann als billige Arbeitskräfte den begehrten Guanodünger sammeln oder in den Phosphatminen und auf den Kaffeeplantagen Südamerikas arbeiten mußten. Wegen des ertragreichen Handels mit dem kostbaren Sandelholz wurden schließlich ganze Inseln entwaldet.

Das grausame und rücksichtslose Vorgehen der Weißen weckte unter der einheimischen Bevölkerung eine zunehmende Feindseligkeit gegenüber den Fremden. Es kam regelmäßig zu Kämpfen und Seeschlachten, und den Inselbewohnern gelang es auch tatsächlich, einige europäische Schiffe zu versenken. Andere Eingeborene, die keinen Widerstand leisteten, wurden massenweise deportiert. Die etwa 100 000 Chamarro, die früher die Südlichen Marianen bevölkerten, kämpften lange Zeit gegen die Piraten und die spanischen Eroberer und zogen schließlich in ihren langen Booten, den Praus, auf das Meer hinaus. Sie wurden verfolgt, der größte Teil von ihnen wurde von den Weißen gnadenlos abgeschlachtet, und nur wenige Überlebende konnten sich auf die Karolineninsel Yap retten. Die Walfänger aus dem Norden schließlich benutzten die Gilbert- und Marshallinseln und die Karolinen als Winterlager, um von dort aus im Frühling dem Zug der Wale bis zur Beringstraße zu folgen.

Der Zustrom von immer mehr fremden Schonern und Briggs veranlaßte Spanien im Jahr 1874, die Inseln offiziell zu spanischem Besitz zu erklären, doch die Niederlage im spanisch-amerikanischen Krieg des Jahres 1898 bedeutete das Ende der spanischen Kolonialherrschaft im Pazifik. Spanien mußte Guam an die Vereinigten Staaten von Amerika abtreten, während der Rest der Marianen zusammen mit dem größten Teil der Karolinen an das Deutsche Reich verkauft wurde, das schon seit 1885 ohne großen Widerstand von spanischer Seite die Marshallinseln als Schutzgebiet für sich in Anspruch genommen hatte.

Die Deutschen begannen mit einer großangelegten Kolonisierungskampagne, und deutsche Farmer legten eine Reihe von Kokosplantagen an, bis der Erste Weltkrieg dem deutschen Kolonisationsdrang ein Ende setzte. Die Gilbert- und die Elliceinseln (heute Tuvalu) wurden 1892 britisches Protektorat und ab 1915 britische Kronkolonie, in der man ebenfalls mit der Produktion von Kopra, dem einzigen Exportartikel dieses Archipels, begann. Gegen Ende des 19. Jh. wurden auf den abgelegenen Inseln Nauru und Ozean (heute Banaba) ansehnliche Phosphatvorkommen entdeckt. Um diese Bodenschätze ungestört abbauen zu können, vertrieb man große Teile der einheimischen Bevölkerung, die sich gegen Piraten und Walfänger bis zu diesem Zeitpunkt mutig zur Wehr gesetzt hatte.

Trauminseln als militärische Stützpunkte
Von der Gewaltherrschaft zur Freiheit

Nach dem Ausbruch des Ersten Weltkriegs ließ Japan 1914 alle von den Deutschen beherrschten Inseln besetzen, und im Jahr 1919 wurde es vom Völkerbund offiziell mit der Verwaltung der Inseln beauftragt. Die Japaner jedoch, größere Ziele im Auge, fingen im Widerspruch zu den geltenden Verträgen an, die Marianen militärisch zu befestigen. Sie bauten auf den Inseln Luftwaffen- und Flottenbasen, von denen aus

sie später die amerikanischen Truppen auf Hawaii und den Samoa-Inseln angriffen. Auf den 16 Inseln lebten schon bald ebenso viele Japaner wie Marianer. Die größten militärischen Anlagen der Japaner befanden sich auf Tinian und auf Saipan, wo das Städtchen Garapan zum Sitz des militärischen Hauptquartiers wurde. Auch auf den Marshallinseln und den Karolinen wurden umfangreiche militärische Anlagen gebaut, die Japan 1941 als Stützpunkte für die Angriffe gegen Indonesien, die Philippinen, Melanesien und Polynesien dienten. Innerhalb von wenigen Monaten hatten die japanischen Truppen 10 000 Inseln erobert und überall Besatzungs- und Verteidigungstruppen zurückgelassen. Im Jahr 1943 begann die systematische Eroberung des gesamten Gebiets durch die amerikanische Marine, wobei es zu schrecklichen, verlustreichen Land- und Seegefechten kam. Der Krieg im Pazifik entwickelte sich zu einer der größten und blutigsten militärischen Auseinandersetzungen unseres Jahrhunderts.

Nach 28 Jahren japanischer Besetzung und 32 Jahren amerikanischer Verwaltung haben die Mikronesier mittlerweile ihr Schicksal in die eigenen Hände genommen. Manche Inseln haben sich für die Unabhängigkeit ent-

▲ *Während die Männer der Trukinseln für den Fischfang meist kleinere Auslegerkanus mit geringem Tiefgang und Schleppnetze verwenden, fischen die Frauen mit einfachen Keschern im seichten Wasser der Lagune.*

schieden, andere für die Integration in die Vereinigten Staaten, und wieder andere wählten eine lockere Assoziation mit den USA. Als erste entschieden sich die Bewohner der Nördlichen Marianen 1975 für Autonomie. Sie haben heute einen von ihnen gewählten Gouverneur, erhalten jedoch noch viel Unterstützung von den USA, die sich auch für die Verteidigung des Gebiets verbürgen.

1978 mußten alle Inseln und Atolle Mikronesiens in einer Volksabstimmung über ihren zukünftigen Status entscheiden. Eine große Mehrheit sprach sich für die Gründung der Föderierten Staaten von Mikronesien aus. Nur die wirtschaftlich stärker entwickelten Marshallinseln und Palau festigten unter Aufrechterhaltung ihrer Autonomie mittels eines Sonderstatus ihre Beziehungen zu den USA.

Der junge Staatenbund, der die Gebiete Yap, Truk und Pohnpei sowie die Region von Kusaie im Osten der Karolinen umfaßt, ist politisch relativ stark auf die USA hin orientiert und erwartet von diesen finanzielle und ökonomische Unterstützung, um den Lebensstandard der Bevölkerung auf ein höheres Niveau anzuheben.

Die Entscheidung der Nördlichen Marshallinseln, sich nicht den Föderierten Staaten von Mikronesien anzuschließen, war vor allem auf die Unzufriedenheit der evakuierten Bewohner von Bikini und Eniwetok zurückzuführen, die den Amerikanern vorwarfen, sie seien ihrem Versprechen, Schutz und Hilfe zu bieten, nur ungenügend nachgekommen. Ein weiterer Faktor war die Unzufriedenheit der Bewohner des Atolls Kwajalein, das fast vollständig in ein militärisches Sperrgebiet umgewandelt wurde und eines der wichtigsten Testzentren für die amerikanischen Raketen ist.

Das moderne Mikronesien
Auf der Suche nach einer neuen Identität

Nach 400 Jahren Fremdherrschaft versucht Mikronesien heute, eine eigene Identität zu finden. Die Bewohner der abgelegenen Inseln im Pazifik sehen sich plötzlich mit der hochtechnisierten westlichen Konsumgesellschaft konfrontiert. Ihr früheres Leben war einfach und harmonisch, denn die Natur befriedigte ihre Bedürfnisse reichlich. Die Erde schenkte ihnen Obst und Gemüse, die Bäume gaben Schatten und Holz, und die Lagunen versorgten sie im Überfluß mit Fischen und anderen Meerestieren. Heute wird der Schiffsverkehr zwischen den Inseln immer stärker. Jeden Tag landen auf den Flughäfen von Yap, Truk, Palau, Kwajalein, Majuro und Pohnpei die Flugzeuge mit Fracht und Touristen. In der Hauptstadt Kolonia auf Pohnpei und auch auf den anderen großen Inseln herrscht inzwischen der amerikanische Lebensstil vor.

Mikronesien hat zwei Gesichter und eine gespaltene Seele. Der amerikanische und zunehmend auch wieder der japanische Einfluß breiten sich weiter aus. Die vielen japanischen, amerikanischen und australischen Touristen, die in den neuen, vollklimatisierten Hotels wohnen, nehmen außer ihren Souvenirs auch die Erinnerungen an ein Paradies mit nach Hause.

▶ *Saipan, die Perle der Nördlichen Marianen, war im Zweiten Weltkrieg eine der am heftigsten umkämpften Inseln Mikronesiens.*

▲ *Seit der Entdeckung Tahitis im 18. Jh. verklärten Seefahrer, Künstler und Zivilisationsmüde die sinnliche Schönheit und unverbildete Natürlichkeit „hingebungsvoller" Südseeinsulanerinnen. In den alten Berichten und Beschreibungen wurzeln viele auch heute noch gängige Klischees.*

Französisch-Polynesien

Wie Perlen liegen die Inseln Polynesiens verstreut im südlichen Pazifik. Sie sind die Spitzen eines untermeerischen Gebirges, das sich in vier von Nordwesten nach Südosten verlaufenden Ketten unter dem Meeresspiegel erstreckt.

POLYNESIEN, das Reich der „vielen Inseln", umfaßt, wie der Name schon andeutet, das inselreichste Gebiet Ozeaniens, eine Vielzahl von Archipelen, die sich überwiegend östlich der Datumsgrenze zwischen Hawaii im Norden, den Kermadecinseln im Süden, Wallis und Futuna im Westen und der Osterinsel im Osten befinden. In dieser schier unendlichen Weite des Pazifischen Ozeans liegen so viele Inseln, wie es Sterne am Himmel gibt – das behaupten zumindest die Polynesier.

Weitab von den modernen, industrialisierten Ländern mit ihrer Hektik gelegen, gilt Polynesien immer noch als jenes Paradies, das schon die frühen europäischen Entdekker so begeisterte. Wenn diese Welt je ein Paradies war, so blieb es nicht unversehrt. Das Mururoa-Atoll hat z. B. im Zusammenhang mit Atombombenversuchen eine eher traurige Berühmtheit erlangt.

Die historische Verbundenheit dieser Inseln mit Frankreich ist das Resultat langer Rivalitäten zwischen Frankreich und England, die sich von Mitte des 18. Jh. bis Ende des 19. Jh. im Streit um diese Überseekolonien bekämpften.

Ferdinand Magellan hatte 1521 Teile der Tuamotuinseln gesichtet. Die offizielle Entdeckung der zu Französisch-Polynesien gehörenden Gesellschaftsinseln wird jedoch dem englischen Kapitän Samuel Wallis zugeschrieben: 1767 ging er nach einer langen, vergeblichen Suche nach dem großen Kontinent *Terra australis incognita* (dem unbekannten Südland) in der Matavaibucht vor Tahiti

▲ *Bootsrennen sind ein Teil des langen „Julifests", das zu den größten Ereignissen im Jahresablauf der Polynesier gehört.*

vor Anker. Ungefähr gleichzeitig war James Cook von der britischen Admiralität mit der Leitung einer Expedition beauftragt worden, die von diesem Gebiet aus u. a. den Durchgang der Venus vor der Sonne beobachten sollte. Ebenso war damals auch der französische Offizier und Seefahrer Louis-Antoine de Bougainville auf dem Weg zu jenem legendären südlichen Kontinent, der seit dem 16. Jh. durch Gerüchte über seine unvorstellbaren Reichtümer zum großen Mythos geworden war. Obwohl Bougainville nichts von der Reise des Briten Wallis wußte, landete auch er durch Zufall auf Tahiti.

Mit der Ankunft des durch eine Meuterei berühmt gewordenen Schiffs *Bounty*, das Samen des Brotfruchtbaums zu den Antillen bringen sollte, wo man die Früchte als billige Nahrungsquelle für die schwarzen Sklaven verwenden wollte, begann im Jahr 1788 die erste Phase der Kolonisierung Tahitis. Der zweite Schritt war die Ankunft englischer Missionare im Jahr 1797, denen um 1830 die ersten katholischen Priester folgten.

Ganz Polynesien wurde nach und nach zum Gegenstand eines langwierigen Interessenkonflikts zwischen Franzosen und Eng-

▶ *Zum Korallenriff vor Bora Bora gehört ein malerischer Kranz kleiner, mit Kokospalmen bewachsener Inseln.*

▲ *Bora Bora, gekrönt von der verwitterten Schlotfüllung eines alten Vulkans, ist zweifellos die schönste der Inseln unter dem Winde.*

ländern, der 1842 durch die Affäre Pritchard zum offenen Ausbruch kam. Die Ernennung des methodistischen Missionars Pritchard zum Konsul von Großbritannien, unter Zustimmung der Königin Pomare IV. von Tahiti, löste eine schwere diplomatische Krise aus. Der französische Admiral Dupetit-Thouars zwang den protestantischen Geistlichen zur Abreise. Noch im selben Jahr erklärte Frankreich die Inselgruppe offiziell zum französischen Protektorat.

Nach langen Verhandlungen gelang es Frankreich 1880 schließlich, die Gunst des letzten Fürsten der Pomare-Dynastie zu gewinnen und auch die Inseln unter dem Winde im Nordwesten seinen Kolonien einzuverleiben. Bald darauf wurde auf Tahiti die Hauptstadt der französischen Kolonien in Polynesien, Papeete, gegründet. Im Jahr 1885 unterstellte man die polynesischen Inseln einer gemeinsamen Verwaltung. 1957 erhielt das Gebiet den Namen Französisch-Polynesien; im Jahr 1958 erklärte man es durch Volksabstimmung zum französischen Überseeterritorium.

▶ *Die malerischen Buchten Mooreas, der Nachbarinsel von Tahiti, sind bevorzugte Ankerplätze der Sportsegler in dieser Region.*

▲ *Die unzugänglichen Hänge und die dichte Vegetation des Inselinneren werden von den Tahitianern meistens gemieden. Sie haben sich vorwiegend am Küstensaum der Lagune angesiedelt.*

Die Besiedlung der Inseln
Das wiedergefundene Paradies

Zur Zeit der europäischen Kolonisierung waren alle polynesischen Archipele bereits bewohnt. Da die Bewohner der verschiedenen, oft Hunderte von Kilometern voneinander entfernt liegenden Inselgruppen hinsichtlich ihrer Abstammung, Sprache und Lebensgestaltung eine echte Einheit bilden, kann man eindeutig von einer polynesischen Kultur sprechen. Sie ist wohl das Ergebnis vieler Einwanderungswellen über große Entfernungen hinweg, die zwischen dem 5. und 14. Jh. stattgefunden haben müssen. Die Polynesier, ein Volk von Seefahrern, haben wahrscheinlich die Gesellschaftsinseln von Samoa, den Marquesas und von Neuseeland aus besiedelt. Der Name Tahiti bedeutet in ihrer Sprache „überschreiten", „verpflanzen" oder „sich fortbewegen".

Die Annahme, die Inseln seien durch Völker aus Südamerika besiedelt worden, die der Norweger Thor Heyerdahl 1947 mit der Fahrt des Floßes *Kon Tiki* zu beweisen versuchte, wird von Fachleuten verworfen. Als Beweis dafür, daß die ersten Bewohner Polynesiens aller Wahrscheinlichkeit nach von Westen kamen, sieht man die Verwandtschaft zwischen der polynesischen und der indonesischen Sprache an, außerdem eine Art der Haustierhaltung, die typisch für diese ganze Region ist, sowie die starke Ähnlichkeit der polynesischen Boote mit indonesischen und malaiischen Bootstypen.

Schon die Berichte der ersten europäischen Seefahrer enthielten wahre Lobeshymnen auf diese abgelegenen Inselgruppen. Sie rühmten die wilde und unberührte Schönheit der Natur, das glückliche Leben der Eingeborenen, die von keinerlei materiellen oder moralischen Einschränkungen geplagt wurden, und das herrliche Klima. All dies erschien den Europäern wie die Verkörperung des verlorenen irdischen Paradieses, und diese Vorstellung ist bis auf den heutigen Tag in vielerlei Form erhalten geblieben.

Romanschriftsteller wie Robert Louis Stevenson, Herman Melville und Pierre Loti haben diesen neu entdeckten Garten Eden verherrlicht. Der französische Maler Paul Gauguin konnte hier sein Genie entfalten und seinen Traum, „in Ekstase, Stille und Kunst" zu leben, verwirklichen, und viele andere, Dichter, Chronisten und Zivilisationsmüde, die den technischen Errungenschaften und der Hektik der modernen Zeit skeptisch gegenüberstanden, haben die Schönheiten Polynesiens besungen. Nur allzu bereitwillig übersahen die Europäer dabei, daß das Leben der Südseeinsulaner keineswegs so vollends idyllisch und harmonisch verlief, wie es ihnen erschien. Die tahitianische Gesellschaft war streng hierarchisch gegliedert. Oft kam es zu Stammesfehden mit kriegerischen Auseinandersetzungen, vor bzw. nach denen Sklaven oder Gefangene als Opfer dargebracht wurden. Auch die vielzitierte sexuelle Freizügigkeit der Inselbewohner konnte nur denjenigen an einen paradiesischen Urzustand denken lassen, der die europäischen Gesellschaftsverhältnisse des 18. und 19. Jh. gewohnt war und dessen Leben sich nach den strengen moralischen Grundsätzen jener Zeit gestaltete. Obwohl der Glanz des Paradiesischen also zu keiner Zeit ungetrübt strahlte und die westliche Zivilisation, nicht zuletzt durch den Tourismus, in der Vergangenheit sichtbar an Einfluß gewonnen hat, üben viele polynesischen Inseln immer noch einen unvergleichlichen Zauber aus.

▶ *Auf den gebirgigen Marquesasinseln sind Pferde, die ohne Steigbügel geritten werden, das einzige Transportmittel zu den Tälern.*

Nicht zuletzt tragen die Geheimnisse alter Kulturen, von denen u.a. die berühmten Steinfiguren der Osterinsel zeugen, zum Charme dieser Archipele bei, die der Ozean in zwei völlig verschiedenen Formen hervorgebracht hat: als die hohen Vulkaninseln, die steil aus dem Wasser emporragen und meist von Riffen umgeben sind, und als die flachen Inseln mit ihren bezaubernden Lagunen und Ringen aus Korallenbänken.

Die Atolle, wahre Naturwunder, die wie flache Juwelen fast unsichtbar inmitten der Ozeanwellen versteckt liegen, gehören zu den letzteren. Durch schmale Öffnungen in der Korallenbarriere dringt das Wasser des Ozeans in die Lagune ein, nur die Gewalt der anstürmenden Brecher bleibt draußen zurück, beinahe so, als wolle das Meer der Schönheit der Inseln seine Achtung bezeugen. Im Inneren der Lagune nimmt das blaue Wasser über den Algen oder Korallen, die den Sandboden bedecken, immer wieder andere faszinierende Färbungen an, bis es die stillen schwarzen oder weißen Strände berührt, von denen sich das Grün der Palmen leuchtend abhebt. Eine strahlende Sonne weiß dieser Landschaft einen ganz besonderen Glanz zu verleihen.

Auch heute noch bereiten die Insulaner ihren Besuchern – allerdings auf Bestellung – den auf der ganzen Welt gerühmten, herzlichen Empfang. Wallis, Bougainville und Cook beschrieben in ihren Schiffstagebüchern die einzigartige Begrüßung, die ihnen zuteil wurde. Mit Geschenken beladene Boote, rauschende Feste, die sinnlichen Tänze der Frauen, die das Blut vieler Seeleute in Wallung brachten, gehörten zum Empfang auf den „treibenden Inseln", die plötzlich wie aus einer anderen Welt aufgetaucht waren. Man kann sich vorstellen, daß es für die Kapitäne häufig schwierig war, ihre Mannschaften zur Rückkehr an Bord zu bewegen. Als „Dank" für diese freundliche Aufnahme brachten die Europäer außer geringwertigen Gebrauchsgegenständen und ein paar Haustieren Krankheiten wie Grippe, Syphilis und Tuberkulose mit, gegen die die Einheimischen nicht immun waren und denen viele zum Opfer fielen.

▲ *In den Gärten Tahitis blühen das ganze Jahr über Blumen. Nicht umsonst gab Gauguin der Insel den Beinamen „Insel der Düfte".*

Inseln der Seligen
Der Kult des unbekümmerten Glücks

Auch wer Einwände hat gegen die durch Bücher und Filme verbreiteten Klischees der unbekümmerten Lebensfreude der Polynesier, muß bestätigen, daß dieses Volk besonders begabt darin ist, alles möglichst weit von sich fernzuhalten, was nicht der Befriedigung der unmittelbaren Bedürfnisse des Lebens dient. Dies galt lange besonders für das gesamte religiöse, ökonomische und politische System, das die Europäer den Polynesiern seit ihrer Ankunft auferlegten.

Die Tahitianer z.B. verspürten zunächst keinerlei Neigung zu produktiver Arbeit, wie etwa die *Popaa* (die Weißen) sie betreiben, da sie deren Nutzen nicht einsahen. Diese Haltung wird noch heute kurz und bündig in einem oft ausgestoßenen Seufzer zusammengefaßt, der plötzliche Unlust zum Ausdruck bringen soll: „Fiu". Bei einem Anfall von *Fiu* läßt der Tahitianer alles stehen und liegen und ist zu keiner anstrengenden Tätigkeit mehr zu bewegen, auch nicht für alles Geld der Welt.

Diese Grundeinstellung der Polynesier erklärt, warum sich die Chinesen im Handel und im Geschäftsleben so erfolgreich durchgesetzt haben. Als Frankreich 1964 die Volksrepublik China anerkannte, erwarben viele Chinesen in Polynesien die französische Staatsbürgerschaft. Chinesische Geschäfte bieten vom Konservenfleisch bis zur Quarzuhr alles nur Denkbare zum Kauf an. Chinesen besitzen Ländereien, und fast alle Schiffe, die dem Verkehr zwischen den Inseln dienen, haben chinesische Eigner. Aus der Vermischung von Chinesen und Polynesiern gingen die *Demis* hervor.

In diesen Breiten bricht die Nacht ganz plötzlich herein, ohne vorherige Dämmerung fällt sie wie ein schwarzer Vorhang herab. Die Abendbrise bringt den Salzgeruch des Meeres mit sich. Bevor sie einen ihrer traditionellen Tänze vorführen, schmücken sich die Insulaner mit Blumenkränzen aus Frangipani (Pagodenbaum), Hibiskus und Bougainvillea, die auf einen Untergrund aus jungen Palmblättern gesteckt werden. Natürlich wird diese Art der Folklore vor allem den Touristen zuliebe am Leben erhalten, aber es gibt diese Feste auch noch als Teil einer Tradition, an der auch der Fremde teilnehmen kann, wenn er sich zu den Glücklichen zählen darf, die eine Einladung erhalten.

Die Feste des Monats Juli bilden den Höhepunkt dieser allgemeinen Ausgelassenheit, die die Repräsentanten der westlichen Moral lange zu verbieten oder zu unterbinden versucht haben. Der 14. Juli, der französische Nationalfeiertag zum Gedenken an den Sturm auf die Bastille im Jahr 1789, ist natürlich ein willkommener Anlaß zum Feiern – Tahiti war damals gerade erst entdeckt worden! Doch das *Tiurai*-Fest („tiurai" ist eine Verballhornung des englischen „July"),

◀ *Girlanden aus* Tiare, *der Blume, die zum Wahrzeichen Polynesiens geworden ist, unterstreichen die vielbesungene Schönheit der tahitianischen Frauen.*

dem wochenlange Vorbereitungen vorangehen, beschäftigt die gesamte Bevölkerung fast einen Monat lang.

Die Tänzer mit ihren buntbemalten *Morés*, manchmal noch hergestellt aus rein natürlichen Materialien wie Rindenbast, und die Frauen mit ihren weißen Lendentüchern und den extravaganten Blumenkronen scheinen bei diesen ausgelassenen Festen zu den heidnischen Freuden ihrer Ahnen zurückzukehren. Früher tanzten die Eingeborenen, um dadurch mit den Toten in Verbindung zu treten, heute ist der Tanz Ausdruck der Lebensfreude und wie der Gesang ein unverzichtbarer Bestandteil im Leben der Tahitianer. Der Rhythmus der schlanken Trommeln und *Iharas*, gespaltener Bambusstämme, die mit Stöcken angeschlagen werden, ist unwiderstehlich.

Ein anderer Höhepunkt ist das traditionelle Festmahl *Tamaaraa*, bei dem alle einheimischen Gerichte auf den Tisch kommen. Sie werden nach tahitianischer Sitte in einem Erdofen zubereitet, dessen heiße Steine man zuvor in einem Holzfeuer erhitzt. In einem ausgehöhlten Stück Bambus serviert, sind die Speisen ebensosehr ein Fest für das Auge wie für den Gaumen.

Als geborene Seefahrer sind die Polynesier wahre Meister in vielen Arten des Wassersports. Die Boote von Tautira gehen immer wieder als Sieger aus Wettkämpfen mit den Booten von den Fidschiinseln oder von Hawaii hervor. Und selbstverständlich sind die Insulaner auch äußerst geschickte Fischer. Mit schmalen Kanus oder mit kleinen Motorbooten fangen sie in den Lagunen und auf dem offenen Meer eine große Vielfalt von eßbarem Meeresgetier und wissen genau, welche Tiere wegen einer „Gratte" genannten Krankheit nicht verzehrt werden dürfen. Diese Krankheit ist mit hohem Fieber und Juckreiz verbunden und wird durch den Verzehr von Fischen hervorgerufen, die sich von giftigen Korallen ernähren.

Tahiti
Der Nabel des Pazifik

Cook gab den sechs Inseln des tahitianischen Archipels den Namen Gesellschaftsinseln (englisch „Society Islands"), als er 1769 im Auftrag der britischen Royal Society zu ihnen unterwegs war. Erst in der zweiten Hälfte des 19. Jh. wurde dieser Name auf die heute so bezeichnete größere Inselgruppe übertragen, die außer Tahiti Raiatea, Tahaa, Huahine, Bora Bora, Motu Iti, Moorea, Maupiti und einige winzige Inseln umfaßt. Der Archipel teilt sich in die „Inseln über dem Winde" und die „Inseln unter dem Winde", nach den ost-westlich wehenden Passatwinden, die der östlichen Gruppe drei- bis viermal soviel Regen bringen wie der „unter dem Winde" gelegenen.

Wie die übrigen Archipele Ozeaniens zeichnen sich die Gesellschaftsinseln durch ein äußerst mildes Klima aus. Deshalb kommen die Bewohner auch mit einem Minimum an Kleidung aus, die früher aus dem Bast des Waringin bestand und mit bunten Blumenmotiven verziert war, während sie heute aus Baumwolle hergestellt wird. Das Tragen leuchtendbunter Kleidung ist für die Menschen dieser Gegend charakteristisch.

Manchmal fallen ein paar einzelne Tropfen vom Himmel, und man könnte glauben, ein lang anhaltender Regen sei im Anzug; doch wenn man zum Himmel hinaufschaut,

▲ *Die traditionellen tahitianischen Tänze haben ihre frühere kultische Bedeutung verloren und werden heute hauptsächlich für Touristen aufgeführt. Noch immer jedoch vermögen sie die Lebenslust und Sinnlichkeit der Insulaner auszustrahlen.*

▶ *Die großartige Kulisse der Cook's Bay gehört zu den Touristenattraktionen der Insel Moorea.*

stellt man fest, daß es sich wieder einmal nur um einen kurzen Schauer handeln wird. In der Regenzeit kommt es zwar zu regelrechten Wolkenbrüchen, doch schon bald zeigt sich die Sonne wieder in strahlender Schönheit am wolkenlosen Himmel.

Zum Archipel der Inseln über und unter dem Winde gehört auch die herrliche Insel Tahiti, die mit 1042 km² ein Viertel der Landfläche von Französisch-Polynesien ausmacht und auf der der größte Teil der polynesischen Bevölkerung zu Hause ist. Wegen ihrer zentralen Lage und geschützten Buchten war diese Insel von Anfang an der beliebteste Ankerplatz der frühen Entdecker und der spanischen Seefahrer. Bougainville taufte sie gar „Neu-Kythera" nach jener griechischen Insel Kithira, die Aphrodite, der Göttin der Liebe, geweiht war, und nach und nach wurde Tahiti gleichsam zum Inbegriff für den Zauber und die Schönheit ganz Polynesiens, „die Entzückende, die Königin von Polynesien, Insel Europas, inmitten des wilden Ozeans" – auch „Perle und Diamant der fünften Welt" genannt.

Trotz eines wirtschaftlichen Aufschwungs, der der Gründung des französischen Zentrums für Atomversuche im Pazifik folgte, und der Anlage eines modernen Hafens, in dem die einheimischen Auslegerboote keinen Platz mehr finden, hat Tahiti seine Anziehungskraft, die es schon auf die ersten Besucher ausübte, bis heute noch nicht ganz verloren. Der internationale Flughafen von Faa, der gut in die Landschaft integriert wurde, und der Bau großer Hotels entlang der Küste tragen dem wachsenden Touristenstrom Rechnung.

▲ *Auf Huahine findet man noch einige* Marae, *aus Korallenblöcken erbaute Heiligtümer, in denen früher den polynesischen Göttern Menschenopfer dargebracht worden sein sollen.*

Im Gegensatz zu den dichtbevölkerten Küstenstreifen ist das Innere der Insel nahezu unbewohnt, und die einheimische Pflanzenwelt kann sich hier noch ungestört entfalten. Die Flüsse, die von den Bergen Orohena (2241 m), Tetupera, Aorai und Diadème hinabfließen, haben tiefe Täler in das Basaltgestein geschliffen, in denen der *Mape*-Baum, eine tahitianische Kastanie mit einem stark zerfurchten Stamm, wächst. Auf den Küstenebenen stehen *Bouraos* mit großen, gefalteten Wurzeln im Boden verankert, und die in Gruppen wachsenden Kokospalmen, Brotfruchtbäume und Papayas wiegen sich in den Passatwinden. Die Berghänge sind mit niedrigem Gestrüpp und mit eingeführten Sträuchern wie der Guave und der wohlriechenden Lantana bewachsen.

Wie groß die Bedeutung der Flüsse für das Leben der Inselbewohner immer gewesen ist, lassen die vielen Ortsnamen erkennen, die mit *Pape* oder *Vai* („Wasser", „Fluß") beginnen: Papeari, Papenoo, Papeete, Vaiaro. Überall im gebirgigen Landesinneren stößt man auf glasklare Wasserläufe, die von den Bergen herabfließen und in denen es zwischen den glattgeschliffenen Felsblöcken nur so von Fischen wimmelt. Die Luft ist voller Düfte, und die Stille wird nur durch das Hinabfallen überreifer Papayas oder durch nächtliche Grillenkonzerte unterbrochen. Im dichten Unterholz findet man die Pflanzen, mit denen Gauguin seine tahitianischen Schönen umgab, wie etwa die *Tiare*, jene weiße, sternförmige Gardenie, die zum Wahrzeichen von Tahiti geworden ist und die bei Anbruch der Dunkelheit ihren Duft verströmt. Alles wächst und gedeiht hier in der ungezügelten Üppigkeit, die schon die Botaniker der *Bounty* so bezauberte.

Die Häuser der wenigen und weit auseinanderliegenden Dörfer werden immer einfacher, je mehr man ins Innere der Insel vordringt. Hier und da sieht man noch, verborgen unter Mango- und Pandanusbäumen, einige der traditionellen Hütten (*Faré niau*), deren Palmblattdächer bis auf den Boden reichen und durch deren Bambuswände der angenehm warme Wind streicht. Die Tahitianer von heute bevorzugen allerdings Stein- und Betonbungalows mit Wellblechdächern.

Papeete, die Hauptstadt von Französisch-Polynesien, ist heute eine moderne Stadt mit Verwaltungsgebäuden, Krankenhäusern, Banken, Hotels und Geschäftszentren. Die wirtschaftlichen Entwicklungen der letzten Jahre ließen das verschlafene Hafenstädtchen, in dem ehemals Holzhäuser mit offenen Galerien vorherrschten, zu einer mittelgroßen Stadt unserer Zeit anwachsen, mit den typischen Betonklötzen, Parkplätzen und Verkehrsstaus. Im Hafen, wo in früheren Zeiten die Ankunft eines fremden Segelschiffs ein Ereignis war, treffen sich heute Frachter, Kriegsschiffe der französischen Marine, Luxusdampfer, moderne Segeljachten und hin und wieder noch die traditionellen Frachtsegler der Südsee.

Doch das wahre Herz von Papeete ist der Marktplatz. Hier wird vor allem an Sonntagen in malerischem Durcheinander die bunte Vielfalt der Inselprodukte feilgeboten: tradi-

◀ *Die alten* Tiki-*Figuren, aus Holz geschnitzt oder aus Stein gemeißelt, sind Götter- oder Ahnenbilder und standen früher auf Kultplätzen.*

▲ *Wie überall in Ozeanien bringt man auch auf Tahiti Blechmanschetten um den Stamm der Kokospalmen an, damit keine Schädlinge wie Ratten oder Palmendiebe, bis 30 cm große Landkrebse, an die Kokosnüsse gelangen können.*

tionelle Gerichte, Blumen und Früchte, frisch gefangener Fisch, mitunter für den rohen Verzehr bestimmt, heimisches Kunsthandwerk und natürlich die Konsumartikel der modernen Zivilisation. Rund um den Marktplatz stehen zu kleinen Bussen umgebaute Lkws mit bunt bemalten Holzkarosserien, die die Verkehrsverbindung zu den anderen Orten der Insel herstellen.

Die Europäer, meistens Beamte, Soldaten oder leitende Angestellte großer Betriebe, haben sich vorwiegend in der Umgebung der Hauptstadt angesiedelt, auf den Berghängen, entlang der Küste, vor allem aber im Wohnviertel Punavia. Die Zuwanderer von anderen Inseln wohnen meist in Siedlungen aus bescheidenen Hütten am Rand der Stadt, die dank der üppigen Vegetation kaum den Eindruck von Elendsvierteln machen.

Mit dem Auto kann man auf der einzigen, von Kokospalmen, Bananenstauden und sämtlichen Blütengewächsen der Region gesäumten Autostraße von Tahiti an einem Tag die ganze Insel umrunden. Vom Hügelrücken von Taharaa aus, auf dessen Gipfel das schönstgelegene Hotel Tahitis steht, genießt man den Blick auf ein eindrucksvolles Panorama: In nordöstlicher Richtung sieht man die Matavaibucht (tahitianisch: „Wassergesicht") mit ihren weitgeschwungenen, dunklen Sandstränden und dem Kap Venus, dem Standort eines historischen Museums. Westlich liegt die schöne Insel Moorea, deren umwölkte, kegelförmige Berggipfel reizvoll gegen das Blau des Himmels stehen.

Bei Tiarei dringen die Meereswellen tief in einen Felsspalt vor. Wie der Blasstrahl eines Wales steigt das Wasser von Zeit zu Zeit in die Höhe und überspült die nahe liegende Straße. Von hier ist es nicht mehr weit bis zum Wasserfall von Vaimahuta, dem schönsten von ganz Tahiti.

Der Ort Papeari hat einen botanischen Garten zu bieten, zu dessen reichem Bestand an tropischen Pflanzen und exotischen Bäumen auch solche Arten gehören, die aus Amerika, vom asiatischen Festland und aus Afrika eingeführt wurden. Dort kann man auch ein im Jahr 1965 gegründetes Gauguin-Museum besichtigen.

Es vermittelt einen Eindruck vom Leben Gauguins, der mehrere Jahre auf Tahiti zubrachte, und von seiner künstlerischen Entwicklung. Beachtung verdienen verschiedene Schnitzereien des Meisters, u. a. die Umzäunung seiner Hütte auf der Marquesasinsel Hiva Oa, auf der Gauguin bis zu seinem Tod lebte. Im Garten des Gebäudes stehen ferner drei sehr schöne steinerne *Tikis*, alte Götterbilder, die von den Tubuai-Inseln stammen. Die Insulaner hatten seinerzeit große Angst, daß der Transport dieser Statuen den Zorn der Götter wecken würde; und merkwürdigerweise ist nicht nur der Kapitän des Schiffes, das sie 1933 abholte, tatsächlich eines gewaltsamen Todes gestorben, auch mehreren Mitgliedern seiner Besatzung widerfuhr innerhalb weniger Monate das gleiche Schicksal! Viele Polynesier haben noch heute eine abergläubische Scheu vor den alten Kultstätten, obwohl sie den Glauben ihrer Vorfahren längst abgelegt haben. Ein paar Kilometer von Papeari entfernt kann man im neuen Museum von Tahiti alte polynesische Kunstwerke besichtigen.

▲ Aus den Blättern der Kokospalme flechten die Frauen nicht nur Körbe, sondern auch die Wände ihrer Hütten, die in bestimmten Abständen erneuert werden müssen.

Von Moorea nach Bora Bora
Inseln über und unter dem Winde

Papeete gegenüber liegt Moorea, der Legende nach der „violette Drache, der auf dem Ozean schläft". *Mo'orea* bedeutet soviel wie „Ableger", und früher hieß die Insel auch einmal *Tahiti Iti* („Klein-Tahiti"). Wer mit dem Fährschiff nach Moorea übersetzt, erblickt zunächst nur die kahlen Bergspitzen; dann kann man den grünen Küstensaum und die Lagune erkennen, die die Pfahlhäuser (*Farés*) umspült, bis schließlich der schmale, herrliche Strand sichtbar wird – eine wahre Südseeidylle.

Traumhafter noch erscheint die Insel Bora Bora, „Perle des Pazifik" genannt. Die märchenhaft schöne, in vielen Farben schimmernde Lagune rund um den 700 m hohen erloschenen Vulkan, die tiefen Buchten und die überreiche Vegetation haben diese Insel zu einem beliebten Ziel von Touristen gemacht. Wenn irgendwo besonders attraktive Fotos von Polynesien gezeigt werden, dann wurden sie meistens hier aufgenommen, vor allem an den wenigen Stellen mit einem makellos weißen Sandstrand, der zum Baden einlädt. Viele andere polynesische Küsten sind nämlich wegen der „Negerköpfe" – pilzförmiger Korallenstöcke unter Wasser, an denen man sich böse verletzen kann – für Schwimmer ziemlich gefährlich.

Maupiti, die wohl unberührteste der Inseln unter dem Winde, liegt etwa 50 km westlich von Bora Bora. Rund um einen etwa 200 m hohen Basaltkegel erstreckt sich die Lagune mit ihrer erstaunlichen Vielfalt an Grün- und Blautönen, deren Intensität durch den schmalen weißen Sandstreifen noch unterstrichen wird.

Raiatea und das kleinere Tahaa nehmen unter den Inseln unter dem Winde eine Sonderstellung ein. Raiatea ist mit einer Fläche von 280 km² und rund 6500 Einwohnern nicht nur die größte Insel der Gruppe, sondern auch eine heilige Stätte der polynesischen Ureinwohner, mit einer großen Zahl von Kultplätzen (*Marae*) und Gräbern früherer Häuptlinge. Man muß sich jedoch zu diesen Plätzen, an denen einst auch Menschenopfer dargebracht wurden, durchfragen, denn es gibt fast keine Hinweisschilder.

◀ *Der Fischfang ist auf den Gesellschaftsinseln bis zum heutigen Tag eine der wichtigsten Einkommensquellen.*

Die Marae liegen immer am Meer und bestehen aus locker aufgestapelten Steinen, die wie bei dem berühmten Exemplar von Taputapuatea bis zu 2 m hoch sein können. Innerhalb dieser Mauern befindet sich meistens eine Plattform (*Tapu*), auf der ein mehr oder weniger pyramidenförmiger Altar (*Ahu*) ruht. Die religiösen Vorstellungen der alten Polynesier waren offensichtlich sehr kompliziert und von Insel zu Insel so verschieden, daß angeblich selbst die Priester (*Tahu'as*) manchmal in Ver-

▲ *Diese Luftaufnahme von Bora Bora zeigt den Ring aus Korallenriffen und die Öffnung, durch die Meerwasser in die Lagune einfließt.*

wirrung gerieten. Aus einer Fülle von Legenden, die von Generation zu Generation überliefert wurden, hatte sich nach und nach eine Religion mit blutigen Götterkulten entwickelt, in deren Mittelpunkt die große Schöpfergestalt Taaroa stand, gleichzeitig Mann und Weib, die das Meer und die Erde verkörperte. Diese Religion verschmolz später mit christlichen Elementen zu wunderlichen Mischformen eines Glaubens, dessen alte Rituale längst verschwunden sind. Doch die Heiligtümer gelten noch heute als *tabu* (in der ursprünglichen Bedeutung des Wortes „verboten" und „heilig"). An christlichen Kirchen sieht man gelegentlich Schilder mit der Aufschrift „Kultstätte" und darunter das Wort „tabu", was in diesem Fall einfach bedeutet, daß der Zutritt verboten ist.

Die heutige, überwiegend christliche polynesische Bevölkerung setzt sich zusammen aus Protestanten (die größte Gruppe), Katholiken, Mormonen, Sanitos (eine Abspaltung der Mormonen) und Adventisten. Die zahlreichen Kirchen auf den Inseln sind der Beweis dafür, daß die christlichen Missionare tatsächlich viel erreicht haben, auch wenn ihre Lehren in vielem der tahitianischen Lebensweise angepaßt wurden. Mit der Heirat beispielsweise nimmt die Frau ohne weiteres den Glauben ihres Mannes an,

▲ *Auf der Marquesasinsel Hiva Oa sind Tikis wie dieser besonders zahlreich; manche sind von beeindruckender Größe.*

und auch die Gottesdienstformen und Liturgien haben hier ihre lokalen Besonderheiten. Um nichts in der Welt würden tahitianische Frauen auf den sonntäglichen Gottesdienst verzichten, den sie im sittsamen „Missionskleid" und mit weißem Hut besuchen.

Auf der Insel Huahine kann man bei Maeva 28 Marae besuchen, kleinere Familienaltäre, und ein schön rekonstruiertes Männerhaus, in dem in früheren Zeiten die Bezirkshäuptlinge zusammenkamen, deren letzter, Raiti mit Namen, 1915 starb. Auf dieser Insel gibt es auch noch eine der alten Fischfallen, eine V-förmige Konstruktion aus Steinen, die auch heute noch ihren Dienst tut.

Die Düfte von Vanille und Frangipani, das betörende Parfum der Tiare, der transparente Himmel, der mit dem Ozean zu verschmelzen scheint, das ferne Grollen der Brandung auf dem Riff, die Lagune, so klar, als sei sie von unten beleuchtet, und die Bewohner, die auch nach der Bekehrung zum christlichen Glauben ihren Traditionen

▶ *Vor der Küste der gebirgigen Insel Tahiti, deren Silhouette im Hintergrund zu erkennen ist, liegt das flache, mit Palmen bewachsene Atoll Tetiaroa, das von verstreuten Korallenformationen umgeben ist.*

▲ *Die vulkanischen Marquesas erheben sich steil aus dem Wasser. Lagunen oder flache Strände sucht man hier vergeblich.*

treu geblieben sind – all diese Eindrücke tragen zur betörenden Faszination der Gesellschaftsinseln bei.

Die Tuamotuinseln
Zwischen Lava und Korallen

Die Tuamotuinseln, ein Schwarm von weit verstreuten Atollen, erhielten von Bougainville den Beinamen „die gefährlichen Inseln", und tatsächlich sind zahllose Schiffe an den scharfen Korallenriffen zerschellt. Dies ist die Region der meisten, größtenteils unbewohnten Atolle Polynesiens.

Rangiroa, das größte Atoll des südlichen Pazifik, verkörpert die ganze Pracht dieser dunklen Juwelen inmitten eines hellblauen Meers. Weiß leuchten die Strände, und das Wasser der herrlich schönen Lagune ist so klar, daß man die trägen Bewegungen der unglaublich bunten Papageifische, Drückerfische und Kugelfische zwischen den von marmorierten Algen und Riesenmuscheln überwachsenen Korallen mit dem bloßen Auge verfolgen kann. Auch Perlen wachsen hier. In Manihi, Takapoto und Südmarutea gibt es seit 1970 Zuchtfarmen für die weltberühmten schwarzen Perlen, die mit einer für diese Gegend ungewöhnlichen Geschäftigkeit betrieben werden.

Im Südosten des Tuamotuarchipels liegen die Gambierinseln und das Mururoa-Atoll, das von Frankreich seit 1966, vielen Protesten der Polynesier zum Trotz, als Testgebiet für Kernwaffen genutzt wird.

Den Südrand von Französisch-Polynesien bilden zu beiden Seiten des südlichen Wendekreises die Tubuai-Inseln (Australinseln), die dem kalten südlichen Wind ausgesetzt sind. Tubuai, Rimatara, Rurutu, Raivavae und Rapa sind alte, von einer Lagune umgebene Vulkane. Auf der Insel Tubuai, die Cook im Jahr 1769 entdeckte, gingen die Meuterer der *Bounty* 1789 an Land, um sich dort für immer niederzulassen. Da sie glaubten, die Frauen der Eingeborenen widerstandslos unter sich aufteilen zu können, obwohl der Ehebruch auf dieser Insel tabu war, mußten sie bald schon Hals über Kopf zu den Pitcairninseln weitersegeln. Weißgekalkte Häuser aus Holz oder Korallenbrokken sind über das flache Land verstreut, das sich für Viehzucht und den Anbau von Kartoffeln und Taro eignet. Süßwasser ist allerdings knapp, man sieht nur wenige Obstbäume, und die Kokospalmen tragen hier auffällig wenig Früchte.

Die Marquesasinseln im Norden des Tuamotuarchipels lassen viele sogleich wieder an Gauguin denken, der auf dem Friedhof von Atuona auf Hiva Oa begraben liegt. Der Archipel besteht aus einem Dutzend in eine nordwestliche und eine südöstliche Gruppe unterteilten, bergigen Inseln ohne Lagunen oder flachere Küstenstreifen davor. Steil ragen die Felsen aus dem Meer, und die Bewohner haben sich in die engen, aber fruchtbaren Täler zurückgezogen. Auf diesen Inseln mit ihren von der Brandung ausgeschliffenen Küstenhöhlen und einer den alten Traditionen noch stark verhafteten Bevölkerung fand Gauguin sein Paradies des natürlichen, einfachen Lebens, und hier verbrachte er die letzten acht Jahre seines Lebens. In unmittelbarer Nähe zum Äquator gelegen, verdanken diese Inseln ihren Namen dem spanischen Seefahrer Álvaro de Mendaña de Neira, der sie 1595 entdeckte und zu Ehren der Marquesa de Mendoza, der Gemahlin des Vizekönigs von Peru, „Las Marquesas de Mendoza" nannte. Hiva Oa, fruchtbarste Insel des Archipels, hatte zu Anfang des 19. Jh. 20 000 Einwohner, die sich besonders durch ihr hochentwickeltes Kunsthandwerk auszeichneten. Hauptort des Archipels ist Tai-o-haé auf Nuku Hiva. Archäologen unserer Zeit graben auf den Marquesas außergewöhnliche Zeugnisse einer untergegangenen Kultur aus, und die um die Jahrhundertwende stark entvölkerten Inseln beginnen langsam, aus einem tiefen Dornröschenschlaf zu erwachen.

Zu dem weit im Westen gelegenen Archipel Wallis und Futuna, einem Gebiet von etwa 275 km² Größe nordöstlich der Fidschiinseln im Herzen des Pazifik, gibt es auch heute noch nur spärliche Flug- und Schiffsverbindungen. Weitgehend unbehelligt von den Segnungen der technisierten Zivilisation und vorläufig auch noch vom Tourismus, wirken diese Inseln wie eine französische Kolonie früherer Jahrhunderte. Der Archipel, seit 1886 französisches Protektorat, hat sich zu einem Territorium mit etwa 12 000 Einwohnern entwickelt, dem ein König aus Wallis und zwei aus Futuna sowie drei Ministerräte als Territorialrat vorstehen. Das Klima auf diesen Inseln unterscheidet sich beträchtlich von dem auf den weiter östlich gelegenen Archipelen. Der Himmel ist hier meist bewölkt, und von November bis März sind Wirbelstürme an der Tagesordnung. Die landwirtschaftliche Produktion der Insulaner dient der Selbstversorgung, ansonsten leben sie vorwiegend vom Fischfang, vom Export der Trochusmuschel und von den Geldern, die aus Frankreich und Neukaledonien, wohin viele Insulaner ausgewandert sind, einfließen.

Auch wenn die alten Wunschbilder vom sorglosen Leben auf den Trauminseln der Südsee nie mit der Realität übereinstimmten, mögen sich die Archipele Polynesiens mit ihrem milden Klima und dem Charme ihrer Bewohner an manchen Stellen vielleicht doch noch ein kleines Stück vom Paradies bewahrt haben, das dem Tourismus bisher noch nicht endgültig zum Opfer gefallen ist.

▶ *Die Kokospalmen sind als Kopralieferanten praktisch die einzigen natürlichen Schätze des Tuamotuarchipels.*

▶▶ *Die Brandungslinie am Rand der flachen Lagune von Tahiti zeigt an, wo sich die Ozeanwellen am Korallenriff brechen.*

▲ *Die anmutigen polynesischen Tänzerinnen mit ihren Blumenkränzen und Baströcken gehören zu den bekannten Attraktionen, die die Hawaii-Inseln ihren zahllosen Besuchern zu bieten haben.*

Hawaii

Hawaii wurde 1959 als 50. Bundesstaat in die Vereinigten Staaten von Amerika aufgenommen. Die Inselgruppe, die mehr als 3700 km vor der Küste Kaliforniens im Nordpazifik liegt, besteht aus 122 Korallen- und Vulkaninseln.

UNGEFÄHR gleich weit von San Francisco, Japan und den Aleuten entfernt, liegen die Touristenparadiese der Hawaii-Inseln mitten im Nordpazifik, der hier durchschnittlich 5400 m tief ist. Zu dem Hawaii-Archipel gehören die acht Hauptinseln Hawaii, Maui, Oahu, Kauai, Molokai, Lanai, Niihau und Kahoolawe, die sich im Bereich des Nördlichen Wendekreises in einer Reihe über etwa 650 km erstrekken, sowie ein sich nordwestlich anschließender ozeanischer Rücken mit kleinen Inseln, die sich über etwa 2000 km bis zu den Midway-Inseln hinziehen. Verglichen mit den ältesten Vulkanen, die teilweise vor 16 Mio. Jahren entstanden, sind die Vulkane der Hawaii-Inseln verhältnismäßig jung, manchmal nicht älter als 700 000 Jahre. Einige Vulkane auf der Insel Hawaii, der größten Insel des Archipels, sind auch heute noch gelegentlich aktiv.

Als der englische Weltumsegler James Cook 1778 in dieses Gebiet vorstieß, gab er den Inseln den Namen Sandwichinseln. Zu diesem Zeitpunkt war der Archipel bereits von Polynesiern bevölkert, die Hawaii zwischen 500 und 700 n. Chr. entdeckt hatten. Im selben Jahr noch wurde James Cook auf Hawaii aufgrund einer Bagatelle (einer Auseinandersetzung wegen eines gestohlenen Boots) von einem Eingeborenen getötet. An der Konaküste, dort, wo er starb, hat man ihm ein Denkmal errichtet.

40 Jahre später tauchten die ersten christlichen Missionare auf, denen bald weiße Kolonisten folgten, die wiederum Japaner und

▲ *Die dünnbesiedelte und mit bunten Blumenteppichen überzogene Insel Kauai, auch bekannt als „Garteninsel", ist ein paradiesisches Eiland im Hawaii-Archipel.*

Chinesen kommen ließen, um sie als billige Arbeitskräfte auf den Ananas- und Zuckerrohrplantagen zu beschäftigen. Europäische Kultur breitete sich auf Kosten der einheimischen Kultur aus. Die rund 300 000 Polynesier wurden hilflose Opfer der eingeschleppten europäischen Krankheiten und des Alkohols, den die Europäer mitbrachten. Die Kolonisten zwangen die Insulaner, ihnen den größten Teil ihres Landes zu überlassen. Heute machen die hawaiianischen Ureinwohner noch etwa 20% der Gesamtbevölkerung der Inseln aus, gegenüber je einem Viertel Weißen und Japanern, 10% Filipinos, 4% Chinesen und anderen Nationalitäten. Fast alle Bewohner Hawaiis besitzen die heißbegehrte amerikanische Staatsbürgerschaft, seit der Archipel 1959 zum 50. Bundesstaat der Vereinigten Staaten von Amerika deklariert wurde.

Tourismus
Vier Touristen auf einen Einwohner

Die Hauptstadt Honolulu liegt an der Südküste der Insel Oahu am Fuß der etwa 1000 m hohen Koolaukette. Zwischen den beiden Weltkriegen entwickelte sich die Stadt mit dem am östlichen Stadtrand gelegenen Seebad Waikiki zu einem Touristenzentrum, das heute Jahr für Jahr von rund 4 Mio. Touristen aus aller Welt, vor allem jedoch von Nordamerikanern, besucht wird. In der Hochsaison kommen vier Touristen auf einen Einwohner. Bei der Ankunft der Flugzeuge ziehen die hawaiianischen Frauen ihre traditionellen *Muu-Muu* an, die Männer ein *Aloha*-Hemd, um die Touristen zu begrüßen („Aloha" bedeutet „guten Tag", „auf Wiedersehen" oder auch „ich liebe dich" und hat Hawaii den Beinamen „Aloha State" eingebracht). Ein beliebtes Ausflugsziel der Touristen ist der einzige königliche Palast, den es in den Vereinigten Staaten von Amerika gibt, der Iolani-Palast in Honolulu.

Nicht weit entfernt steht in einem erloschenen Vulkankrater ein Denkmal, „Punch Bowl" genannt, für die im Pazifikkrieg und in den Kriegen in Korea und Vietnam Gefallenen mit den Namen von 26 000 Soldaten. Eine andere und sicher nicht weniger beeindruckende Gedenkstätte des Zweiten Weltkriegs ist der gigantische Marinestützpunkt Pearl Harbor, rund 12 km nordwestlich von Honolulu an der Mündung des Pearl River gelegen. Das Mahnmal im Hafen erinnert an den japanischen Luftangriff vom 7. Dezember 1941 und steht an der Stelle, an der das Schlachtschiff *Arizona* mit über 1000 Mann Besatzung von den Japanern versenkt wurde.

Die größte Attraktion Hawaiis ist jedoch das Meer mit seinen palmengesäumten Sandstränden. Der schöne, teilweise künstlich angelegte Strand von Waikiki Beach, ganz in der Nähe von Honolulu, ist zu Recht berühmt; er umfaßt ein riesiges Areal von 182 ha Fläche. Sonnenanbeter kommen hier ebenso auf ihre Kosten wie Wellenreiter oder Windsurfer. Stets fächelt eine leichte Brise vom Ozean angenehme Kühlung zu.

Das Klima von Oahu scheint tatsächlich unübertroffen: Die Temperaturen steigen kaum über 27 °C und sinken nur ganz selten unter 22 °C, nicht einmal während der starken Regenfälle, die hier ziemlich regelmäßig niedergehen. Eine weitere Touristenattraktion der Insel ist der Diamond Head, ein hoher Krater östlich von Waikiki Beach.

Von den über 1 Mio. Einwohnern, die insgesamt auf den Hawaii-Inseln leben, beherbergt die 1515 km² große Insel Oahu allein 805 000. Obwohl man eine halbe Stunde Autofahrt von der Hauptstadt entfernt auf Oahu noch fast verlassene Strände finden kann, sollte man doch auch auf die anderen Inseln übersetzen, um die Schönheiten dieses herrlichen Archipels erleben zu können.

▲ Der 232 m hohe Vulkankrater Diamond Head erhebt sich ganz in der Nähe von Honolulu über dem wundervollen Strand von Waikiki, dem Stolz der Insel Oahu. Der Strand gehört zu den berühmtesten der Erde – ein Eldorado für Sonnenanbeter und Surfer.

Naturspektakel Hawaii
Nationalpark der Vulkane

30 Flugminuten von Honolulu entfernt in östlicher Richtung liegt die Insel Hawaii, mit 10 456 km² die größte Insel des Archipels, die 92 000 Einwohner hat. Hawaii wird manchmal auch die Große Insel oder die Orchideeninsel genannt, denn kaum anderswo auf der Welt findet man so viele Orchideenarten wie hier. Man kann sie auf den Feldern in der Gegend um Hilo bewundern. Der höchste Punkt der Insel Hawaii ist der erloschene Vulkan Mauna Kea (4206 m). Aktiv ist noch heute der Mauna Loa mit einer Höhe von 4170 m im Hawaii-Vulkane-Nationalpark. Sowohl der Mauna Kea als auch der Mauna Loa reichen mit ihren Flanken bis in Meerestiefen von rund 5000 m. So gesehen, sind beide Berge also noch um einiges höher als der Mount Everest.

Ein weiterer noch aktiver Vulkan in diesem Park, der Kilauea, weiß das Interesse der Touristen durch seinen 750 m breiten, Halemaumau genannten Krater auf sich zu lenken, der zeitweise mit einem Lavasee gefüllt ist.

▲ *Starke Regengüsse speisen die zahlreichen Wasserfälle im dichten Dschungel von Hawaii, der größten Insel des Archipels.*

Mark Twain (1835–1910), der während seiner Tätigkeit als Journalist auch Hawaii bereiste, beschrieb seine Eindrücke beim Anblick des Kraters Halemaumau so: „Ein riesiger Kessel mit einem bunten Strahlenkranz aus Tausenden von Feuerströmen, die sich unaufhörlich verzweigten und eindrucksvoll funkelten. Es schien, als ob die Lichtstreifen in der dunklen Masse eine riesige Karte der Eisenbahngleise von Massachusetts zeichneten. Stellen Sie sich einen tintenschwarzen Himmel vor, in dem sich alle Spannung in einem Feuerknäuel entlädt . . ." Doch nach einer Gasexplosion im Jahr 1924 war das beeindruckende Schauspiel zum großen Kummer der Inselbewohner aus dem Krater verschwunden.

Bei jedem Vulkanausbruch kommen die Einheimischen in Scharen, mit Essen und Schlafutensilien ausgerüstet, um ja nichts von dem faszinierenden Naturschauspiel zu verpassen. Besonders gefährlich ist eine solche Eruption übrigens nicht, denn selbst die große Gasexplosion des Jahres 1924 forderte nur ein einziges Opfer. Die Lava der hawaiianischen Vulkane ist viel dünnflüssiger als z. B. die des Vesuv oder des Ätna und kann sich daher nicht im Vulkantrichter zusammenballen – deshalb bleiben die gefürchteten Gasexplosionen aus. Die Eruptionen nehmen hier die Form riesiger Feuerfontänen an. Bei den Ausbrüchen der Jahre 1967 und 1968 wurden pro Stunde 1,5 Mio. m³ rotglühende Lava in die Luft geschleudert. Touristen, die nicht das Glück haben, einen Vulkanausbruch mitzuerleben, können die Lavaströme bewundern, die aus den Öffnungen zweier langer Bruchzonen die Flanken des Kilauea hinabfließen. Die dünnflüssige Lava strömt hier mit einer Geschwindigkeit von bis zu 50 km/h von den steilen Hängen ins Meer hinab und erstarrt dann laut zischend unter dichten Dampfschwaden. Wo die Lava durch die Gewalt der Brandung zerrieben wird, bleibt jener schwarze Sand zurück, der so typisch für die Küsten Hawaiis ist.

◀ *Hawaii ist eine verhältnismäßig junge Vulkaninsel. Noch heute kommt es dort regelmäßig zu Vulkanausbrüchen. Die Samen der Ohia-Pflanze nisten sich in den Furchen des Lavabodens ein, keimen und blühen als zarte, bunte Knäuel auf.*

Inseln aus Feuer und Wasser
Maui, Kahoolawe, Lanai, Molokai

Auf Maui, mit 1886 km² die zweitgrößte Insel des Archipels, 50 km nordwestlich von Hawaii gelegen, gibt es keine aktiven Vulkane mehr. Die Topographie der Insel besteht aus zwei riesigen Vulkankratern, die durch eine 10 km breite Ebene miteinander verbunden sind, weshalb man die Insel auch „Talinsel" nennt. Bis 1860 war Maui ein wichtiges Walfangzentrum im Pazifik, dann wurden hier mit Hilfe billiger Arbeitskräfte aus Japan und China Zuckerrohrplantagen angelegt. Auch Maui ist schon vom Tourismus entdeckt worden, denn auf der Insel gibt es sehr schöne Strände. Hier genoß es schon Mark Twain, „den ganzen Tag in der Sonne zu liegen, ebenso unbeschwert von Schuldgefühlen wie ein Schmetterling". Sehenswert ist der alte Ort Lahaina, von 1802 bis 1843 Hauptstadt des Königreichs Hawaii, mit dem geschützten, alten Hafen. In dem 110 km² großen Haleakala National Park liegt der erloschene Vulkan Haleakala, dessen Krater 65 km² groß und 914 m tief ist. Der Haleakala gilt als der größte ruhende Vulkan der Erde. In der Mitte der Insel lohnt in einem grandiosen Tal, das von steil

▶ *Die Wassermassen, die bei starken Wolkenbrüchen herabstürzen, haben tiefe Furchen in die steilwandigen Flanken eines Vulkans auf der Insel Kauai geschliffen.*

▲ *Die viersaitige Ukulele, die ursprünglich aus Portugal stammt, ist zu einem der typischen Musikinstrumente Polynesiens geworden.*

aufragenden Bergwänden umschlossen ist, der 686 m hohe Vulkanmonolith Iao Needle einen Besuch.

Die kleine Insel Kahoolawe südlich von Maui ist ein unbewohntes und unzugängliches militärisches Sperrgebiet, während die etwa 355 km² große Insel Lanai nordwestlich davon als ruhigste Insel des Archipels gilt. Ein Fünftel der Landmasse ist mit Ananas bebaut. Für Fotoamateure sind auf den bewaldeten Hügeln und in den tiefen Cañons die zahlreichen Mufflons und die Antilopenherden lohnende Motive. Bei guter Fernsicht kann man vom Gipfel des 1027 m hohen Lanaihale fast alle Inseln des Archipels sehen.

Nördlich von Lanai liegt die 675 km² große Insel Molokai, ein Paradies für Liebhaber unberührter Natur. Auf dieser 70 km langen Insel gibt es fast noch keinen Tourismus. Molokai ist wegen seiner 1865 von dem belgischen Pater Damien gegründeten Leprastation bekannt, auf der noch heute Leprakranke behandelt werden. Die Kolonie wurde auf der von einem Hügelrücken geschützten Kalaupapa-Halbinsel erbaut.

▶ *Die enormen Brandungswellen des Pazifik bieten ideale Bedingungen zum Surfen. Auf Oahu werden alljährlich die Weltmeisterschaften in diesem Sport ausgetragen.*

▶▶ *Dank des ganzjährig idealen Klimas mit nur geringen Temperaturschwankungen ist die Insel Oahu ein Ferienziel für alle Jahreszeiten.*

▲ *Die bis zu 250 kg schwere Riesenschildkröte gehört zu den erstaunlichsten Tieren der Galápagosinseln. Heute vom Aussterben bedroht, soll sie früher so häufig gewesen sein, daß man angeblich größere Entfernungen auf den Panzern dieser Reptilien zurücklegen konnte, ohne den Boden zu berühren.*

Galápagosinseln

Die abgelegene Inselgruppe im Pazifik wurde vor allem durch ihre besondere Tierwelt berühmt, anhand deren der englische Naturforscher Charles Darwin (1809–1882) seine revolutionäre Theorie von der Entstehung der Arten erläuterte.

RUND 950 km westlich von Ecuador, dem Staat, dem sie seit 1832 politisch angehören, und genau auf dem Äquator liegen die Galápagosinseln (offiziell Archipiélago de Colón), die ebenso wie die Hawaii-Inseln vulkanischen Ursprungs sind. Damit hört jedoch auch schon jede Ähnlichkeit zwischen diesen beiden Inselgruppen auf. Auf den Galápagosinseln gibt es keine reiche tropische Vegetation, nur trockenen, verkrusteten Lavaboden ohne einen einzigen Wasserlauf. Und doch sind sie eines der großen Naturwunder der Erde. Auf den 16 großen und den etwa 50 kleinen Inseln mit einer Landfläche von 7844 km² lebt eine wirklich phantastische Fauna, die geradewegs der Urzeit entsprungen zu sein scheint und die Besucher, Zoologen und Tierliebhaber immer wieder aufs neue fasziniert: Leguane, Meerechsen, Riesenschildkröten, Seelöwen und andere Arten, die nur hier vorkommen.

1535 entdeckte ein Spanier rein zufällig diese Gruppe unbewohnter Inseln, deren Vulkane sich bis zu 1500 m über den Meeresspiegel erheben. Rauchwolken und Gase, rotglühende Lava und Asche entweichen aus den Kratern und breiten sich über die mit erstarrter Lava bedeckten Berghänge aus. Die mit zutraulichen Fabeltieren bevölkerte Landschaft hatte eine solch magische Wirkung auf den ersten europäischen Besucher, daß er den Inseln den Namen Las Encanta-

▶ *Die Galápagosinseln sind ebenso wie die Hawaii-Inseln vulkanischen Ursprungs. Sie gehören zu den größten Naturwundern der Erde.*

▲ *Die Meerechsen der Galápagosinseln muten wie fossile Lebewesen an. Diese zu den Leguanen gehörenden Tiere, die der Evolution ein Schnippchen geschlagen zu haben scheinen, bevölkern die Felsküsten und ernähren sich ausschließlich von Meeresalgen. Links im Bild eine Galapagos-Landkrabbe.*

das („die Verzauberten") gab. Jahrhundertelang waren die Eilande, die später in Galápagosinseln („Schildkröteninseln") umbenannt wurden, ein Zufluchtsort für Piraten, die hier zwischen ihren Überfällen auf die Goldtransporte von Lima nach Panama ihre Verwundeten pflegten und ihre Schiffe reparierten. 1802 tauchte der erste Kolonist auf. Im Jahr 1832 gründete General Villamil aus Ecuador zusammen mit 80 aufständischen Soldaten die Plantage Asilo de la Paz und annektierte die bis dahin zu Spanien gehörenden Inseln für sein Land.

Charles Darwin
Ein Forscher entziffert die Evolution

Das Jahr 1835 war von besonderer Bedeutung für die Geschichte der Inseln. Genau 300 Jahre nach ihrer Entdeckung ging ein englisches Segelschiff, die *Beagle* unter Kapitän Robert Fitzroy, vor den Galápagosinseln vor Anker. An Bord des Schiffs, das schon eine dreijährige Forschungsreise rund um den Globus hinter sich hatte, befand sich ein 26jähriger englischer Naturwissenschaftler namens Charles Darwin. Der junge Gelehrte war sofort hingerissen von der Fauna, die er hier antraf: Tiere, die in ferner Vergangenheit schwimmend, fliegend oder auf einem Baumstamm treibend die knapp 1000 km weite Entfernung vom südamerikanischen Festland zurückgelegt haben mußten. Isoliert von ihren Artgenossen, hatten sich diese ersten Einwanderer – Seelöwen, Schildkröten, Leguane, Pinguine, Möwen, Finken – nach und nach ganz anders entwickelt als ihre Artgenossen auf dem Festland.

Charles Darwin blieb 35 Tage auf den Inseln und machte sich ausführliche Notizen. Zwischen 1840 und 1843 beschrieb er seine Reiseerfahrungen in einem umfangreichen Werk, und 1859 veröffentlichte er sein bahnbrechendes Buch „Die Entstehung der Arten durch natürliche Zuchtwahl", in dem er anhand der unterschiedlichen Entwicklung der Landschildkröten und Finken der Galápagosinseln und ihrer Anverwandten auf dem Festland seine berühmte Evolutionstheorie erläuterte. Da man bis zu diesem Zeitpunkt die Eigenschaften aller auf der Erde existierenden Lebewesen für gottgeschaffen und unveränderlich gehalten hatte, entfesselte sein Buch sofort einen außerordentlich lebhaften Meinungsstreit.

1959, genau 100 Jahre nach Erscheinen dieses umwälzenden Werks, gründete die UNESCO auf der Insel Santa Cruz eine wissenschaftliche Beobachtungsstation mit der Bezeichnung „Charles Darwin". Hauptstudienobjekt dieser Forschungseinrichtung sind die 15 Unterarten der Riesenschildkröte, die inzwischen leider immer seltener geworden sind. Alle auf diesen Inseln heimischen Tiere sind heute streng geschützt.

Im selben Jahr wurde der gesamte Archipel, der dem Staat Ecuador viele Jahre lang als Strafkolonie gedient hatte, zum Nationalpark erklärt. Heute reisen immer mehr Touristen in diese erstaunliche Inselwelt.

▶ *Die Strandzonen der Inseln beherbergen vielerorts baumgroße Opuntien (Kakteen).*

◀ *Die Gabelschwanzmöwe (Creagrus furcatus), die nachts nach Meerestieren jagt und tagsüber ruht, ist eine der zahlreichen Seevogelarten der Galápagosinseln.*

▶▶ *Wie viele Tiere dieser fast menschenleeren Inselwelt zeigt auch dieser blinzelnde Seelöwe der Galápagosinseln nur wenig Anzeichen von Scheu oder Angst vor dem Menschen.*

▲ *Stumme Wächter einer vergangenen Kultur. Die weltberühmten Kolossalstatuen der Osterinsel, von den Polynesiern Moai genannt, gehören zu den vielen Rätseln, die das abgelegene Eiland der Wissenschaft aufgibt.*

Osterinsel

Auf der Osterinsel, einer der entlegensten Inseln der Welt, gibt es Hunderte von riesigen, manchmal über 20 m großen Steinstatuen, die zu vielerlei Spekulationen Anlaß gaben. Bis heute sind noch nicht alle Rätsel dieser geheimnisvollen Steinkolosse gelöst.

JEDER Ethnologe träumt davon, einmal im Leben die fast 700 gigantischen, aus einem einzigen Steinblock gehauenen Statuen der Osterinsel zu sehen. Diese Statuen aus Tuffstein haben die Insel, die einsam im südlichen Pazifik dicht unter dem Wendekreis des Steinbocks und rund 3700 km von ihrem politischen Mutterland Chile entfernt liegt, auf der ganzen Welt berühmt gemacht.

Die Osterinsel besitzt ungefähr die Form eines rechtwinkligen Dreiecks, dessen von Südwest nach Nordost verlaufende Hypotenuse eine Länge von 24 km aufweist. Ihre Bewohner nennen sie den „Nabel der Erde", obwohl sie nicht viel mehr ist als eine kahle Basaltinsel mitten im Stillen Ozean, bedeckt von einem spärlichen Teppich aus Moosen und Gräsern. Die Osterinsel ist von mehreren kleinen Eilanden (Motu Nui, Motu Iti, Motu en Kaokao) und einer gefährlichen Barriere aus Felsklippen umgeben.

Der Entdecker der Insel war der holländische Admiral Jacob Roggeveen, der im Jahr 1722 am Ostersonntag dort ankam und die Insel deshalb nach diesem Feiertag benannte. Anders als die Galápagosinseln war die Osterinsel bewohnt, und die von den Polynesiern abstammenden Insulaner versammelten sich an der Küste und zeigten keinerlei Scheu vor den Fremden. Als sie jedoch an Bord gekommen waren, stahlen sie ein paar Kleinigkeiten, woraufhin die Holländer mit brutaler Gewalt reagierten: Eine Kompanie rückte aus und eröffnete das Feuer auf die Eingeborenen, die so erste Bekanntschaft mit der europäischen Zivilisation machten.

▲ *Wie ein schlafender Riese ruht dieser aus dem weichen Tuffgestein des Vulkans Rano Raraku herausgemeißelte Moai noch heute in dem Steinbruch, der den Steinmetzen von damals als „Fabrik" diente. Die unheimliche Geburtsstätte an der Ostflanke des Vulkans beherbergt mehrere dieser gigantischen Steinskulpturen – alle in verschiedenen Fertigungsstadien, so, als seien sie von einem auf den anderen Tag verlassen worden. Anhand des Mädchens kann man ihre enormen Ausmaße erkennen.*

Die Sklavenhändler
Nur 100 Überlebende

In den Jahren 1769, 1774 und 1786 folgten drei weitere Expeditionen zur Osterinsel: die des Spaniers González de Haedo, des Engländers Cook, der sich als erster für die Statuen interessierte und sie in seinem Reisebericht beschrieb, und des Franzosen La Pérouse. Die amerikanischen Robbenfänger, die 1808 kamen, und russische Forscher, die 1816 die Insel aufsuchten, ließen wiederum Leichen an der Küste zurück. Zur schlimmsten Katastrophe kam es jedoch 1862: Am 19. Dezember legten sieben peruanische Sklavenschiffe an der Küste an; die Seefahrer köderten die Eingeborenen mit Geschenken und brachten sie gefesselt an Bord. Die Unglücklichen wurden schließlich als

▶ *Im Gegensatz zu den Statuen im Innern der Insel, deren nach unten spitz zulaufende Form es ermöglichte, sie einfach in den Boden zu rammen, stehen die dem Meer oft den Rücken zukehrenden Moai an der Küste auf sogenannten* Ahu, *terrassenförmigen Mausoleen, in denen die Toten beigesetzt wurden.*

▲ *Die mit Schilf bewachsenen Seen in den Kratern erloschener Vulkane enthalten den einzigen Süßwasservorrat der ganzen Insel.*

Sklaven auf die peruanischen Guanofelder gebracht. Viele versuchten zu fliehen und wurden erschossen. Von den ungefähr 1000 Insulanern, die man nach Peru verschifft hatte, lebten nach wenigen Monaten nur noch rund 100. Nach einer französisch-englischen Intervention kehrten die Überlebenden auf die Insel zurück. Nur 15 Männer kamen lebend dort an, und diese infizierten die auf der Insel zurückgebliebene Bevölkerung mit Tuberkulose und Pocken. Von den ursprünglich 5000 Insulanern waren im Jahr 1877 nur noch 111 am Leben.

Da alle Schriftkundigen und Priester umgekommen waren, kam jede Art der Überlieferung zum Erliegen. Die Wissenschaftler fanden nur beschriftete Holztafeln, mit rätselhaften Zeichen versehen, die an Lebewesen und geometrische Figuren erinnern. Bis zum heutigen Tag harren diese Holztafeln ebenso der Deutung wie die Kolossalstatuen. Letztere wurden erstmals von Cook beschrieben: „Sie stellen, soweit wir dies beurteilen können, mehr oder weniger nur den Oberkörper dar und enden unten in einem Stumpf. Die Ausführung ist grob, aber nicht schlecht. Die Gesichtszüge und vor allem die Nase und das Kinn sind gut ausgeformt, die Ohren sind außergewöhnlich lang; und was die Körper betrifft, so läßt sich schwerlich irgendeine Ähnlichkeit mit dem menschlichen Körper feststellen. Die Figuren an der Küste scheinen aus dem gleichen grauen Stein gehauen zu sein, aus dem auch die Plattform besteht, auf der sie stehen. Einige unserer Männer, die die Insel durchstreift haben und die noch viele andere dieser Statuen sahen, sind der Meinung, daß sich das Gestein von allem, was sie auf der Insel gefunden haben, unterscheidet. Sie glauben, daß es kein natürlicher Stein sei..."

Rano Raraku
Ein gigantisches Atelier

Alle Steinskulpturen *(Moai)*, von denen die kleinsten 1 m und die größten 21 m hoch sind, wurden aus relativ weichem vulkanischem Tuffgestein gehauen. Die meisten stammen aus dem Steinbruch bei Rano Raraku, einem der drei großen Vulkane der Insel, östlich des Ortes Hangaroa. Dort befinden sich 193 stehende und 80 liegende Steinbilder, unvollendet oder bereit zum Abtransport, als wäre die Arbeit irgendwann urplötzlich unterbrochen worden.

Die französischen Autoren Maurice und Paulette Séribéré beschreiben, wie diese Monolithen vermutlich bearbeitet wurden: „Zuerst wurde der Steinblock aus dem Fels gelöst. Dann schlug man rundherum einen rechteckigen Graben, in dem sich der Bildhauer bewegen konnte. Später wurde das umgebende Gestein abgetragen, damit man die Statue herausholen konnte."

Der norwegische Seefahrer und Ethnologe Thor Heyerdahl versuchte 1956, Entstehung und Transport der Statuen zu rekonstruieren. Er schätzte, daß es ungefähr ein Jahr gedauert haben müsse, eine dieser großen Skulpturen zu schaffen. Sie wurden im Steinbruch fertiggestellt und erst im fertigen Zustand an ihren Standort transportiert. Es gelang Heyerdahl übrigens nicht, ein Standbild mittlerer Größe mit 200 Männern wegzuschaffen. Er versuchte auch, eines der liegenden Standbilder aufzurichten. Für einen Koloß von 30 t brauchten zwölf Insulaner unter der Leitung ihres Bürgermeisters Atan-Atan 18 Tage. In seinem Buch *Aku-Aku* berichtet Heyerdahl, wie dies gelang: „Der Bürgermeister übernahm die Organisation ... Seine einzigen Werkzeuge waren drei Pfähle, später nur noch zwei, und eine Anzahl großer und kleiner Steinbrocken, die die Männer wahllos in der Umgebung sammelten." Die Männer zwängten die Pfähle zuerst unter den Kopf des Standbildes und hängten sich zu dritt oder zu viert an deren freies Ende, während der Bürgermeister, sobald sich der Kopf ein wenig vom Boden hob, einen Stein in den Zwischenraum schob. Stück für Stück erhob sich der riesige Monolith auf diese Weise, bis er am 18. Tag aufrecht auf dem *Ahu* stand, der Plattform aus Steinen, die als Sockel diente.

Die Steinbilder
Ursprünglich hatten sie Augen

Wie die Moai der Osterinsel hergestellt wurden, ist so gut wie geklärt. Vermutlich wurden sie unter Aufbietung aller zur Verfügung stehenden Kräfte und mit Hilfe von schiefen Ebenen, Seilen und Baumstämmen an ihren Bestimmungsort transportiert und anschließend aufgerichtet. Dennoch sind viele Rätsel geblieben.

Der Streit über den Ursprung der Megalithkultur auf der Osterinsel hat die Wissenschaft in zwei Lager gespalten. Während manche Forscher davon ausgehen, daß sie von Polynesiern besiedelt worden sei („Ozeanientheorie"), glauben andere – unter ihnen auch Heyerdahl –, die Vorfahren der Inselbewohner seien aus Peru in Südamerika gekommen („Amerikahypothese"). Heute geht die allgemeine Ansicht dahin, daß die Insel um das 8. Jh. herum von Seefahrern bevölkert wurde, die von Westen, also von Ozeanien aus, mit Auslegerbooten gekommen waren. Diese Ansicht wird durch eine alte Legende erhärtet, der zufolge vor mehr als 1000 Jahren zwei große Boote mit Polynesiern aus dem Westen unter der Führung ihres Königs Hotu Matua die Insel erreichten. Dieses Volk der „Langohren" nannte das Eiland Rapa Nui und schuf die Ahu und die Moai zu Ehren ihres Gottes Makemake.

Sergio Rapu, ein einheimischer Anthropologe und Archäologe, machte vor einiger Zeit eine wichtige Entdeckung: „Beim Aufrichten einiger Statuen auf einem Hang des Vulkans Rano Raraku", erzählte er, „fand ich sechs Paar Augen. Riesige Augen aus weißen, phosphorisierenden Korallen und einer Iris aus roter Vulkanschlacke, die im Dunkeln wie Scheinwerfer leuchteten. Sie lagen auf dem Rand der unteren Augenlider der Moai und waren nicht befestigt. Da die Statuen leicht schräg aufgestellt waren, blieben die Augen an ihrem Platz. Diese Entdeckung ist wichtig, weil sie den polynesischen Beinamen der Insel erklärt: *Matakiterangi*, ‚Augen schauen zu den Sternen auf.'"

▲ *Die Felszeichnungen auf der Orongoklippe stehen mit dem geheimnisvollen Kult des „Vogelmenschen" in Zusammenhang, der noch bis ins vorige Jahrhundert praktiziert wurde.*

Demgegenüber rührt einer polynesischen Überlieferung zufolge dieser Name von den vielen erloschenen Vulkankratern her, die wie leere Augenhöhlen gen Himmel starren.

Sergio Rapu hat auch eine Hypothese über die Bedeutung der Moai aufgestellt: „Alle Bilder ähneln einander, doch die Kopfbedeckungen sind unterschiedlich. Die Moai, die in einer Gruppe bei einem bestimmten Ahu (Altar) stehen, tragen jeweils eine andere Kopfbedeckung. Ich nehme an, daß die Bilder Persönlichkeiten der verschiedenen Gruppen darstellen, die damals zusammen auf der Insel lebten: Häuptlinge, Soldaten oder Priester..."

Wie die Megalithkultur beschäftigt auch das magische Ritual des mysteriösen „Vogelmenschen", das auf den beiden winzigen Inseln Motu Nui und Motu Iti und auf dem Felsen Orongo vollzogen wurde, bis heute die Wissenschaftler. Auf diesem steilen Felsen, an der Seeseite des Vulkans Rano Kau, befindet sich ein Heiligtum mit 162 seltsamen Reliefs von Männern mit einem Vogelkopf.

Bis 1886 veranstalteten die Bewohner der Osterinsel im September, wenn auf der südlichen Halbkugel der Frühling beginnt, ein großes Fest. Von Priestern ausgewählte, junge Männer schwammen zu dem Felseiland hinüber und warteten dort auf die Ankunft der *Manutaras*, einer Art Fregattvögel. Derjenige von ihnen, der dann das erste Ei fand, das Symbol für den Anbruch einer neuen Jahreszeit, wurde für die Dauer eines Jahres zum „Vogelmenschen" erklärt. Er erfreute sich besonderer Verehrung und mußte als Verkörperung der Lebenskraft ein einsames und enthaltsames Leben führen.

Die Osterinsel beherbergt noch eine weitere interessante Kuriosität: Die Mauer von Vinapu, ein paar Kilometer von dem Felsen Orongo entfernt, ist aus riesigen, geschliffenen Steinblöcken erbaut, die so perfekt zusammengefügt sind, daß keine Stricknadel dazwischenpaßt. Dieses 75 m lange und 5 m breite Monument erinnert an die uralten Mauern von Cuzco und Machu Picchu in den Anden, weshalb es den Vertretern der Amerikahypothese zur Untermauerung ihrer Ansicht diente, daß die Bevölkerung der Osterinsel aus Peru stamme. Andere Ethnologen wiederum schlossen daraus, daß sich die Polynesier nach einem Zwischenaufenthalt auf der Osterinsel schließlich in Südamerika niedergelassen hatten.

Juan-Fernández-Inseln

DER Archipel Juan Fernández, der ebenso wie die Osterinsel politisch zu Chile gehört, liegt etwa 650 km westlich von Valparaíso auf dem 33. Breitengrad im Südpazifik. Als der gleichnamige spanische Seefahrer im Jahr 1574 die drei Inseln Más a Tierra, Más Afuera und Santa Clara entdeckte, waren sie unbewohnt, aber eine von ihnen ging später indirekt in die Weltliteratur ein – als die Insel, auf der Robinson Crusoe seine Abenteuer erlebte.

Der schottische Seemann Alexander Selkirk wurde 1704 auf seinen eigenen Wunsch auf Más a Tierra ausgesetzt und lebte dort bis 1709. Der berühmte Roman *Robinson Crusoe* von Daniel Defoe basiert auf den Erlebnissen dieses frühen „Überlebenskünstlers". Heute tragen die beiden Hauptinseln, Más a Tierra und Más Afuera, offiziell die Namen „Isla Robinson Crusoe" und „Isla Alejandro Selkirk", und man kann dort einen Aussichtsturm und eine Höhle besichtigen, die Selkirk während seines fünfjährigen Aufenthalts als Zuflucht diente.

▶ *Die Scheiben aus rötlichem Stein, die manche Moai bekrönen, stellen vermutlich eine Kopfbedeckung dar, die einst zur Tracht der Bewohner der Osterinsel gehört haben könnte. Man nimmt an, daß die Blöcke mit Seilen auf die Statuen gebunden wurden, bevor diese aufgerichtet wurden.*

▲ *Die riesigen Eisberge der Antarktis sind selten kompakte Blöcke, sondern von vielen Rissen und Abschmelzhöhlen durchzogen.*

Antarktika

Auf dem südlichsten Kontinent unseres Planeten, auf dem etwa 85 % aller Gletschergebiete der Erde zu finden sind, herrscht ein bitterkaltes Klima mit Temperaturen bis zu fast −90 °C.

WÄHREND sich die frühen Entdecker auf ihrer Suche nach dem legendären Südland nur bis zum Rand des antarktischen Kontinents vorkämpften und dort nichts als eine „Hölle aus Schnee und Eis" vorfanden, stellt Antarktika für unsere Zeit mit ihren technischen Möglichkeiten kein unüberwindliches Hindernis mehr dar. So ist auch diese abgeschiedene Welt durch die unersättliche Gier des Menschen nach Rohstoffen inzwischen von der Umweltverschmutzung bedroht. Derzeit aktuellster Grund für ein allgemeines Interesse an der Antarktis ist das für uns alle lebensbedrohliche Ozonloch, das zuerst über dem Südpol entdeckt wurde.

Einschließlich des Schelfeisgürtels, dessen Klima mit dem des Festlandes übereinstimmt, erstreckt sich der Erdteil Antarktika über eine Fläche von annähernd 14 Mio. km^2 und ist damit beinahe doppelt so groß wie Australien. Mit seiner relativ runden Form erinnert er an eine riesige Torte, aus der zwei große Stücke herausgebissen wurden: die tiefen Einbuchtungen des Rossmeeres und die des Weddellmeeres. Außerdem hat die Torte noch ein Anhängsel, nämlich die Antarktische Halbinsel, die in Richtung Südamerika weist. Die Mitte der „Torte" Antarktika ist ungefähr auch der Lagepunkt des geographischen Südpols, und ihr Rand fällt streckenweise mit dem südlichen Polarkreis zusammen.

Seit etwa 12 Mio. Jahren, so schätzen die Geologen, sind 98 % des antarktischen Kontinents mit einer Eiskappe von unvorstellbaren Ausmaßen bedeckt: Die Eisschicht hat

▲ *Das vorrückende Inlandeis des Festlandes wird schließlich zum Schelfeis, das auf dem Meer schwimmt und später in Eisberge zerbricht.*

eine durchschnittliche Dicke von 2300 m (an manchen Stellen sind es sogar 3000 oder 4000 m), und die gesamte Eismasse besitzt ein Volumen von etwa 30 Mio. km³, was rund zwei Dritteln des gesamten Süßwasservorrats der Erde entspricht. Nur in Küstennähe ragen wenige Berggipfel und Bergketten über das Inlandeis hinaus.

Unter dem unvorstellbaren Gewicht dieses Eisschildes hat sich die Erdkruste des Kontinents einige hundert Meter gesenkt. Das gleiche war auf der nördlichen Halbkugel übrigens auch während der Kaltzeiten des Quartärs der Fall. Der Norden Europas und Amerikas war damals mit Eisschilden bedeckt, die denen der Antarktis stark ähnelten. Erst als vor rund 12 000 Jahren der letzte dieser Eisschilde von Europa verschwand, stieg die Landmasse Skandinaviens wieder an. Diese allmähliche Aufwärtsbewegung ist bis heute noch nicht völlig abgeschlossen.

Wenn das gesamte antarktische Inlandeis jemals rasch schmölze, würde sich der Kontinent zunächst wohl als eine Gruppe mehr oder weniger großer Inseln zeigen; der Rest bliebe für lange Zeit noch unter Wasser. Doch selbst wenn das Eis nur langsam schmölze und parallel dazu die kontinentale Landfläche allmählich anstiege, würde die Antarktis immer noch teilweise als Archipel auftauchen, denn manche Gebiete liegen 2500 und mehr Meter unter dem Meeresspiegel. Der Meeresspiegel selbst würde durch das Abschmelzen des Eises um fast 100 m ansteigen und weltweit große, dichtbesiedelte Gebiete überfluten.

Der riesige Eisschild
Ständig in Bewegung

Die Eismassen von Antarktika sind keineswegs völlig kompakt und fest, sondern unaufhörlich in Bewegung. Eis ist plastisch und ständig im Fluß, und das Inlandeis schiebt sich langsam, aber sicher in Richtung der Küsten vorwärts. Im Zentrum des Kontinents beträgt die Fließgeschwindigkeit des Eises etwa 1 m und am Rand des Festlandes, in den großen Gletschern, etwa 1 km im Jahr. Der Fortbewegung der gewaltigen Eismassen vermag nichts standzuhalten.

Das Eis, das sich vom Festland ins Meer vorschiebt, wird zu Schelfeis, zu gigantischen Eisplatten, die auf dem Meer schwim-

men. Die beiden größten Buchten von Antarktika, das Rossmeer und das Weddellmeer, sind zu weiten Teilen von solchen Eisplatten bedeckt. Das Ross-Schelfeis ist fast so groß wie Frankreich (540 000 km²), das Filchner-Schelfeis ist mit 480 000 km² kaum kleiner, und obwohl die Schelfeise zum offenen Meer hin dünner werden, sind sie an der Meeresseite immer noch über 300 m dick, wovon nur rund 50 m über dem Meeresspiegel liegen.

◄ *Die amerikanische Station McMurdo auf Victorialand ist die größte Forschungsstation von Antarktika.*

▲ *Ein Versorgungsschiff bringt während des kurzen Sommers die Ablösung zur französischen Station Dumont d'Urville in Adélieland.*

Von diesen riesigen Schelfen stammen die bekannten, in den südlichen Polarmeeren treibenden Tafeleisberge, gigantische Brocken, die vom Schelfeis abgebrochen sind und von den Strömungen ins offene Meer transportiert werden. Ein solcher Eisberg ist durchschnittlich 1500 m lang, 900 m breit und 200 bis 300 m dick, doch sind auch schon viel größere gefunden worden – der Rekord liegt bei 335 km Länge und 97 km Breite! Das entspricht mehr als der Fläche Belgiens!

Eisberge können sehr unterschiedliche Formen haben, mit Spitzen und Türmchen aus Eis bedeckt oder von grün und blau schimmernden Gängen und Höhlen durchzogen sein. Allen gemeinsam ist, daß sie aus Süßwassereis bestehen. Sie enthalten den in Jahrtausenden auf dem Festland gefallenen Schnee, der durch den Druck überlagernder Schneemassen im Lauf der Zeit zu dichtem Eis zusammengepreßt wurde.

Die treibenden Eisberge fangen langsam, aber sicher zu schmelzen an. Manchmal schürfen sie auch über Erhebungen im Meer, verlieren dadurch große Teile und können plötzlich beginnen, um ihre Achse zu kreiseln und so gefährliche Wasserbewegungen zu erzeugen. Die Kapitäne der Polarschiffe kennen die Unberechenbarkeit dieser Eisberge und wagen sich deshalb auch nur mit großer Vorsicht in ihre Nähe.

Ein einzigartiges Klima
Bittere Kälte und heftige Stürme

Die dicke Eiskappe bewirkt, daß Antarktika mit durchschnittlich 2300 m von allen Kontinenten am höchsten über dem Meeresspiegel liegt. Diese Höhe und die geographische Lage haben zur Folge, daß der weiße Erdteil

▲ *Oft müssen sich die Schiffe durch schweres Packeis oder nach einem Sturm sogar durch treibende Eisfelder kämpfen.*

die kälteste Region der Welt ist. Die durchschnittliche Jahrestemperatur beträgt am 2912 m hoch gelegenen Südpol −49,3 °C; der Dezember ist mit −28,1 °C der wärmste Monat und der Juli mit −59,2 °C der kälteste. Ein Kälterekord wurde im Juli 1983 in Wostok, einer sowjetischen Forschungsstation in der Antarktis, gemessen: −89,2 °C.

An den Küsten ist es meistens etwas wärmer, weil einerseits das Polarmeer mit seinem durchschnittlich nur −2 °C kalten Wasser einen mildernden Einfluß ausübt und andererseits die Lage auf dem niedrigeren Breitengrad und die geringere Höhe eine Rolle spielen. Doch obwohl die Temperatur an der Küste nie so extrem absinkt wie auf dem antarktischen Festland, liegt auch hier der Jahresdurchschnitt noch unter 0 °C. Im Gebiet von Forschungsstationen, die in unmittelbarer Nähe des Polarkreises an der Küste liegen, wird es selten kälter als −30 °C, und nur im Sommer steigt die Temperatur mittags auf 0 °C an. Sehr kalt sind überdies die antarktischen Winde und Stürme. Die Luft kühlt über der Eiskappe sehr schnell ab und strömt über die Flächen und Hänge des Inlandeises zum offenen Meer. Wenn dort Tiefdruck herrscht, kann der Wind innerhalb weniger Minuten Orkangeschwindigkeiten von 100 bis über 200 km/h erreichen. Der eisige Sturm wirbelt Schneepartikel auf, die wie Tausende von Nadeln ins Gesicht stechen, und hüllt die Landschaft in weiße Schleier, die jede Sicht stark einschränken. An den kleinsten Hindernissen türmen sich schon bald meterhohe Schneedünen auf.

Die Tücken dieses stürmischen Klimas sind von Forschungsstationen stets zu berücksichtigen. Die Gebäude müssen nicht nur dem Wind standhalten können, sondern im Gegensatz zu den in normalen Klimazonen üblichen Sicherheitsvorschriften ist es hier eine zwingende Notwendigkeit, daß sich alle Türen nach innen öffnen lassen, damit, wenn Schneeverwehungen sie blockieren, dennoch ein Weg ins Freie geschaufelt werden kann. Außerdem erhöht der extrem trockene Wind die Brandgefahr – der größte Alptraum jeder Station. Zur Eindämmung von Brandschäden werden die Gebäude in ausreichenden Abständen zueinander errichtet und Vorräte an Lebensmitteln und anderen lebensnotwendigen Dingen auf verschiedene Lagerplätze verteilt. Brände im Eis sind deshalb besonders gefährlich, weil es kein Löschwasser gibt. Die Härte, die ein Leben in diesem bitterkalten Klima mit sich bringt, wird allerdings durch das Erlebnis einer oft ungewöhnlich schönen, wenn auch rauhen Landschaft wieder ausgeglichen. Je nach Witterung und Jahreszeit schimmern das Inlandeis, das zugefrorene Meer und die Eisberge in den allerschönsten Pastellfarben, in allen Schattierungen von Weiß, Grün und Blau und manchmal sogar bis hin zu Zartrosa und Violett.

Überleben im Eis
Kaiserpinguine als sorgsame Väter

Angesichts des unwirtlichen Klimas erscheint die Tierwelt an den Küsten von Antarktika überraschend artenreich. Zehntausende von Vögeln nisten hier, und große Robbenkolonien halten sich direkt an einer riesigen Vorratskammer auf, denn das Polarmeer ist besonders reich an pflanzlichem und tierischem Plankton, Krebstieren und Fischen.

Die bekanntesten Vögel von Antarktika sind zweifellos die Pinguine. Wer kennt diese possierlichen Vögel nicht, die ausse-

▶ *Das Meereis, das sich jährlich im Herbst neu bildet und zu Anfang des Sommers schmilzt, ist selten sehr dick.*

▲ *Der Kaiserpinguin führt sein „Nest" immer mit sich. Das Ei wird ebenso wie später das Junge vor dem Kontakt mit dem Eis bewahrt, indem es das brütende Männchen auf seinen Schwimmfüßen trägt.*

hen, als trügen sie einen Frack mit weißer Hemdbrust. Die Adélie-Pinguine sind relativ klein und ebenso lebhaft wie neugierig. Unentwegt scheinen sie miteinander im Streit zu liegen. In ihren Kolonien hat jedes Pärchen sein eigenes Nest, bestehend aus einem kleinen Kreis von Steinchen, der unter Einsatz aller Kräfte verteidigt wird. Unter ohrenbetäubendem Gekreisch picken die Tiere ständig mit dem Schnabel nach rechts und links und schlagen mit den Flügeln. Alles ist erlaubt, um Eindringlinge zu verjagen, ganz gleich, ob es sich um andere Pinguine, Raubmöwen oder Menschen handelt. Und wenn erst einmal einer der Pinguine anfängt, sich zu wehren und zu kreischen, so schließt sich bald die ganze Kolonie an.

Der Kaiserpinguin wird ungefähr 1,2 m groß und erscheint mit seinem grauen Frack, dem weißen Bauch und dem schwarz und orange gefärbten Kopf erheblich würdevoller und ruhiger als sein kleinerer Verwandter. Die stattlichen Kaiserpinguine leben ebenfalls gesellig und watscheln gern im Gänsemarsch hintereinander her. Im Gegensatz zu den übrigen Vögeln des Südpolge-

▶ *Antarktika ist ein wahres Paradies für die Pinguinkolonien: Das Meer sorgt für Nahrung im Überfluß, und die Vögel haben an Land kaum natürliche Feinde.*

▲ *Von dieser Hütte auf Kap Evans nahe dem Vulkan Erebus machten sich 1911 der Entdecker Scott und seine vier Gefährten auf den Weg. Keiner von ihnen überlebte die Expedition zum Südpol.*

biets und den Robben, die sich im Sommer an der Küste paaren, ziehen die Pinguine zum Herbstanfang, etwa im Februar, auf das Festland. In langen Reihen marschieren sie über das Eis des zugefrorenen Meeres, um sich kurz vor der Küste in großen Kolonien niederzulassen. Im Mai legen die Weibchen jeweils ein einziges Ei, das sofort vom Männchen übernommen, auf die Schwimmfüße gelegt und mit einer Hautfalte des Bauchs bedeckt wird, während das Weibchen den nicht selten mehr als 10 km langen Weg ins Meer zurückläuft. Dort frißt es sich zum erstenmal seit vielen Wochen wieder voll und legt sich ein neues Fettpolster zu. Im Juli kehrt die Mutter dann gerade rechtzeitig zum Ausschlüpfen des Jungen zurück, um das Männchen, das inzwischen das Ei ausgebrütet hat und die ganze Zeit über fasten mußte, bei der „Kinderbetreuung" abzulösen. Von Ende März oder Anfang April an hatte es, zum Schutz gegen die grimmige Kälte eng mit anderen Männchen zusammengerückt, zwei Monate auf dem Eis gestanden, das Ei ausgebrütet, das Junge warm gehalten und es mit dem Inhalt seines Kropfes ernährt. Sobald das Männchen das Küken dem Weibchen übergeben hat, eilt es, um mehr als ein Drittel seines vorherigen Körpergewichts leichter geworden, seinerseits ins Wasser, um Nahrung zu suchen. Nach mehrwöchiger Abwesenheit kehrt es dann mit einem Kropf voller Nahrung für das Küken zurück, die es nach und nach in den aufgesperrten Schnabel des hungrigen Jungen würgt. So teilen sich beide Eltern die Fütterung und die Beaufsichtigung ihres Jungen, das nach dem Schlüpfen etwa 350 g, im September aber schon etwa 2 kg wiegt und allein auf dem Eis stehen kann. Beide Eltern gehen jetzt auf Nahrungssuche, um den unersättlichen Hunger des Jungen zu stillen. Mit Anbruch des antarktischen Sommers, etwa Anfang Dezember, wiegt das Junge ungefähr 20 kg, aber solange es seine grauen Kükendaunen noch nicht gegen das Federkleid der erwachsenen Tiere eingetauscht hat, muß es weiter gefüttert werden, denn sein Federkleid ist noch nicht wasserabstoßend, so daß das Junge noch nicht selbst im Wasser nach Nahrung suchen kann. Es ist übrigens ein erstaunlicher Anblick, wie die riesigen Küken ihre Schnäbel in die ihrer Eltern stecken, die ja kaum größer als ihre Jungen sind. Als hervorragende Schwimmer und Taucher können sich Pinguine im Wasser sehr viel schneller bewegen als an Land.

Von tierischem Leben wimmelt es auch im Luftraum der Antarktis, der bevölkert ist von verschiedenen Sturmvogelarten, von denen die größten Flügelspannweiten bis zu 2,5 m haben, von großen Raubmöwen wie den Skuas und von Sturmschwalben. Viele dieser Vögel kommen nur im Sommer als Gäste in die Antarktis, um zu nisten und zu brüten. Sie alle finden im fischreichen antarktischen Ozean ihre Nahrung; die Skuas und einige Sturmvögel verschmähen allerdings auch tote oder von den Eltern unbeaufsichtigte Pinguinküken nicht.

Die Eroberung des Südpols
Die dramatische Reise der Briten

Amerikanische Walfänger und Robbenjäger waren die ersten, die die Antarktische Halbinsel zu Beginn des 19. Jh. betraten, allerdings weniger auf der Suche nach neuen Eroberungen, sondern eher, weil widrige Umstände sie dorthin verschlagen hatten. Bis 1850 begaben sich nur sehr vereinzelt europäische und amerikanische Expeditionen auf Forschungsreisen zur Antarktis und kartierten einige Küstengebiete. Unter ihnen war der Russe Bellingshausen, der 1820 „ein großes Eisfeld mit kleinen Hügeln" sah, und 1840 entdeckte der Franzose Dumont d'Urville einen Landstrich, den er nach seiner Frau Adélieland nannte.

Erst in den letzten Jahren des vorigen Jahrhunderts sind Menschen tiefer in den Kontinent eingedrungen und haben auf ihm überwintert, und schon bald darauf setzte ein Wettlauf von Expeditionen ins Innere des Festlandes ein. Im Südpolsommer 1908–1909 gelang es dem Briten Ernest Shackleton um ein Haar, als erster den Südpol zu erreichen. Nur noch 178 km vom Ziel entfernt, hatte seine Expedition nicht mehr genug Vorräte, um die sichere Rückkehr zu garantieren. Shackleton war klug und mutig genug, sein Vorhaben aufzugeben, und kehrte mit seiner gesamten Gruppe wohlbehalten zurück.

In den Jahren 1911–1912 kam es im Wettlauf zum Südpol zu einem dramatischen Höhepunkt, als der Norweger Roald Amundsen und der Brite Robert Falcon Scott darum konkurrierten, zuerst den Pol zu erreichen. Jeder der beiden kannte die Pläne des anderen, doch da sie an verschiedenen Stellen vom Ross-Schelf überwintert hatten, wußte keiner vom anderen, wie weit der Konkurrent schon gekommen war. Die norwegische Expedition war ausgezeichnet organisiert und erreichte am 14. Dezember 1911 den Südpol. Ohne größere Probleme kehrten die Norweger zu ihrem Stützpunkt zurück. Am 18. Januar 1912 kamen die Briten krank und erschöpft ebenfalls am Südpol an, wo sie enttäuscht die norwegische Flagge sahen, die Amundsen fünf Wochen zuvor gehißt hatte. Auf dem Rückweg fanden Scott und seine tapferen Begleiter Ende März 1912 den Tod im Eis, nur 18 km vom nächsten Vorratsdepot entfernt.

Nach dem Ersten Weltkrieg tauchten erstmals Flugzeuge über Antarktika auf. Der Australier George Hubert Wilkins erreichte die Antarktische Halbinsel auf dem Luftweg am 20. Dezember 1928, und am 28./29. November 1929 überflog der Amerikaner Richard Byrd als erster den Südpol. Zunehmend wurde Antarktika jetzt von zahlreichen Expeditionen verschiedener Nationen erkundet. Während des Zweiten Weltkriegs entstanden auf der Antarktischen Halbinsel die ersten festen Beobachtungsstationen. Argentinien, Australien, Chile, Frankreich, Großbritannien, Neuseeland und Norwegen meldeten wegen der strategischen Bedeutung und der auf dem Kontinent vermuteten Rohstoffreserven Gebietsansprüche an.

Viele Länder hatten beschlossen, die wissenschaftlichen Erkenntnisse über die Erde auf breiter Basis zu vermehren, wobei der Erforschung der Antarktis besondere Aufmerksamkeit gewidmet wurde, galt dieser Kontinent doch als die letzte Terra incognita („unbekanntes Land") der Welt. Das Interesse galt u. a. dem Zusammenhang zwischen der Rolle der magnetischen Pole der Erde und der Aktivität der Sonne. Die Erde verhält sich wie ein Magnet, dessen entgegengesetzte magnetische Pole sich in den beiden Polgebieten befinden, wobei deren Lage nicht genau mit den geographischen Polen übereinstimmt. Die Kraftlinien des magnetischen Feldes der Erde wirken über den magnetischen Polen gewissermaßen als Trich-

▲ *Am Ende des kurzen Sommers der südlichen Halbkugel macht sich ein Versorgungsschiff auf den Weg in eisfreie Gewässer, bevor das Meer wieder zufriert und der Rückweg nach Norden abgeschnitten ist.*

ter, durch den Sonnenpartikel und andere kosmische Teilchen auf die Erdoberfläche treffen. In gemäßigten und niedrigen Breitengraden hingegen wirken die Kraftlinien wie ein Schild, der die Erde vor solchen energiereichen Teilchen schützt.

Moderne Analyse- und Datierungsmethoden machen Antarktika für die Wissenschaft überdies zu einem wertvollen klimatologischen Archiv. Durch Bohrungen in großen Tiefen sind Bohrkerne aus uralten Eisschichten ans Tageslicht befördert worden, die sich nicht nur mit ziemlicher Genauigkeit datieren lassen, sondern darüber hinaus auch Aufschluß geben über die Entwicklung der Eisdecke im Lauf der Erdgeschichte und über die Veränderungen der Atmosphäre sowie des Klimas in den verschiedenen Erdzeitaltern, insbesondere während der letzten Eiszeit im Quartär. Vielleicht wird es der Wissenschaft einmal möglich sein, die solchen Veränderungen zugrundeliegenden Faktoren und Gesetze zu verstehen und in Zukunft eventuell sogar Klimaveränderungen vorauszusagen.

Außer rein wissenschaftlichen Motiven spielen wahrscheinlich für diejenigen Länder, die in der Antarktis ihre Forschungsstationen errichtet haben, auch wirtschaftliche, politische und strategische Überlegungen eine wichtige Rolle.

Transportprobleme
Treibeis und schwere Stürme

Ohne die moderne Technik, vor allem die großen Transportflugzeuge und Kettenfahrzeuge, wäre die Errichtung von festen Forschungsstationen im antarktischen Eis ebenso unmöglich wie längere Expeditionen ins Innere des Kontinents. Unentbehrlich für den Bau, die Instandhaltung, die Versorgung und die Ablösung der Lager in Küstennähe sind natürlich Schiffe, denen notfalls Eisbrecher zu Hilfe kommen. Allerdings beschränkt sich die Schiffahrt auf den kurzen antarktischen Sommer. Sie ist von der wechselnden Verbreitung des Packeises abhängig, das selten dicker als 2 m wird und nicht mit den Eisbergen zu verwechseln ist. In manchen Jahren ist die Durchfahrt durch das Packeis unproblematisch, in anderen hingegen verzögert das Eis die Ankunft der Schiffe manchmal um einen ganzen Monat, und der Sommer dauert in dieser Region ohnehin nur zwei Monate!

Bevor die Schiffe jene Zonen erreichen, in denen das Meer im Winter zufriert, haben ihre Besatzungen schon eine schwierige Überfahrt hinter sich, denn südlich des 40. Breitengrades stürmt es auf den antarktischen Ozeanen außergewöhnlich oft und heftig. Die britischen Seeleute des 19. Jh. gaben diesen Breitengraden nicht umsonst den bezeichnenden Namen *Roaring Fourties* (die „brüllenden Vierziger").

Über den Ozeanen der gemäßigten Zonen beider Erdhalbkugeln entstehen in schneller

▶ *Die Küstenzonen von Antarktika sind oft heftigen Stürmen ausgesetzt. Die Kälte der Polarregion wird noch schneidender, wenn der Wind Schneekristalle mit sich führt.*

▲ *Am Rand des Ross-Schelfeises liegt der 3794 m hohe Mount Erebus, einer der wenigen aktiven Vulkane auf Antarktika.*

Folge Tiefdruckgebiete, die sich rasch von Westen nach Osten bewegen. Auf der nördlichen Halbkugel wird ihre Geschwindigkeit abgebremst, da sich dort Kontinentalmassen und Meere abwechseln. Auf der südlichen Halbkugel ist dies nicht der Fall, denn abgesehen vom äußersten Zipfel der südamerikanischen Landmasse, gibt es in diesem Teil der gemäßigten Zone nur Wasserflächen, und nichts bremst die schnelle, wirbelnde Bewegung der Tiefdruckgebiete ab. Viele rasch aufeinanderfolgende Stürme sind die Produkte dieser südlichen Wettermaschine.

Weiter südlich ist das Packeis das nächste Hindernis für die Schiffahrt. In manchen Jahren bricht es früh auf, doch manchmal hindert es die Versorgungsschiffe monatelang an der Durchfahrt. Viele Spezialschiffe haben zwar einen verstärkten Bug und schräg hochgezogene Vorsteven, mit denen sie sich auf das Eis schieben können, um es unter ihrem Gewicht zu brechen, doch dieses Verfahren gelingt nur, wenn das Eis nicht dicker als ein paar Dezimeter ist und wenn kein starker Wind weht.

Das meistens nicht sehr dicke Packeis bildet sich im Herbst. Mit Beginn des Sommers bricht es wieder und schmilzt anschließend. Gelegentlich kann jedoch ein Sturm das Packeis vorher zum Brechen bringen, so daß es zu treiben beginnt. Schiffe, die in einen solchen Sturm und treibendes Packeis geraten, sind in kürzester Zeit von driftenden Eisschollen eingeschlossen und können daher oft nicht mehr manövrieren. In der Nähe des Festlandes gibt es gelegentlich Eis im Meer, das schon mehrere Jahre alt und deshalb so dick aufgetürmt ist, daß auch Eisbrecher es nicht mehr durchdringen können.

Inseln der Antarktis
Meist vulkanischen Ursprungs

Für das Auge gibt es zwischen den großen Ozeanen der südlichen Hemisphäre und dem antarktischen Ozean keine Grenze, doch in Wirklichkeit ist sie durchaus vorhanden. Man nennt sie die „antarktische Konvergenz", und sie ist so etwas wie eine Art Stromgrenze, die ungefähr im Bereich des 50. Breitengrades im Meer dort verläuft, wo das kalte antarktische Wasser auf das relativ warme Wasser der Weltmeere trifft. Obwohl sie nicht sichtbar ist, bekommt man diese Grenze während der Überfahrt deutlich zu spüren. Morgens reicht ein Pullover als Bekleidung noch aus, doch schon mittags muß man sich für den Winter ausrüsten. Der Temperaturunterschied beträgt schon bald 6–8 °C. Auch für das Leben im Meer existiert diese Grenze, denn die Tier- und Pflanzenbestände auf beiden Seiten weisen große Unterschiede auf.

Weit verstreut im antarktischen Ozean liegen einige unwirtliche, verlassene Inseln, die heftigen Stürmen ausgesetzt sind: die Heardinsel und die Kerguelen im Sektor des Indischen Ozeans, die Scottinsel und die Macquarie- und Ballneyinseln im Sektor des Pazifik und die Bouvetinsel, Südgeorgien sowie die Südorkney- und Südshetlandinseln im Sektor des Atlantik.

Obwohl diese Inseln der Antarktis weit voneinander entfernt liegen, haben sie einige Gemeinsamkeiten: Die meisten sind vulkanischen Ursprungs, worauf bei einigen eine ständige Rauchfahne noch deutlich hinweist. Trotz ihrer Lage in gemäßigteren Breiten gibt es auf ihnen große Gletscher, die manchmal bis zum Meeresspiegel herabreichen. Außerdem schneit und regnet es auf ihnen oft sehr stark, und sie sind häufig schweren Stürmen ausgesetzt. „Unterwasserinseln" aus riesigen Algen erschweren hin und wieder den Zugang zu diesen Inseln, für die eine weitgehend baumlose Vegetation typisch ist. Von unzähligen Vögeln, vor allem Pinguinen, bevölkert, waren diese einsamen Eilande nach ihrer Entdeckung im 18. und 19. Jh. wichtige Stützpunkte für Walfänger und Robbenjäger.

Die Kerguelen
Rauhes Klima

Die Kerguelen als größte Inselgruppe der Antarktis umfassen die Hauptinsel mit einer Fläche von rund 6000 km²; weitere 1200 km² verteilen sich auf über 300 winzige Inseln, deren Küsten und Riffe nicht selten einen bizarren Anblick bieten. Die Felsen der sehr gebirgigen Hauptinsel sind bis auf wenige

▲ *Vor der Küste der Antarktischen Halbinsel erheben sich die Gipfel vieler kleiner Inseln über den Meeresspiegel. Hier Pic Dayne auf der Wiencke-Insel.*

Ausnahmen schwarz gefärbt; nur in den tiefergelegenen Gebieten konnte sich eine niedrige Vegetation entwickeln.

Mit einer durchschnittlichen Temperatur von 1,7 °C im kältesten und 7,7 °C im wärmsten Monat sind die Kerguelen eine ziemlich kühle Gegend, und zu jeder Jahreszeit kann es schneien oder frieren. Allerdings bleibt der Schnee nie lange liegen. Etwa 1000 km² der Hauptinsel sind von der Eiskappe des Cookgletschers bedeckt, und den höchsten Punkt des Archipels, den Mount Ross (1960 m), krönen ebenfalls imposante Gletscher. Ständig über den Archipel hinwegziehende Tiefdruckgebiete gestalten das Klima sehr niederschlagsreich und unbeständig, und es weht immer ein kräftiger Wind, wenn es nicht gar stürmt – im Winter durchschnittlich an 16 Tagen und im Sommer an neun Tagen im Monat.

Trotz dieses unwirtlichen Klimas strahlt die Natur eine herbe Schönheit aus. Das Licht erinnert an das der Landschaften Islands, das knapp nördlich des Polarkreises liegt, während die Kerguelen in viel gemäßigteren Breiten liegen, nämlich auf dem 49. Breitengrad, nicht weit also von jener Zone entfernt, in der das kalte Wasser des Polarmeers und das der wärmeren Ozeane aufeinandertreffen.

▲ *Dieses Albatrospärchen hat sich zum Brüten auf einer Insel des Kerguelenarchipels niedergelassen. Kehrt einer der beiden Altvögel von der Nahrungssuche zum Nistplatz zurück, frönen die Albatrosse erst einmal mit Schnabelklappern einem ausgiebigen Begrüßungszeremoniell.*

Das Reich der Vögel
Pinguine und Scheidenschnäbel

Wie die Küsten des antarktischen Kontinents sind auch die antarktischen Inseln die Heimat zahlloser Vögel. Die Pinguine, die hier in dem etwas milderen Klima leben, gehören nicht zu den gleichen Arten wie die auf dem Festland, doch sind sie ebenso faszinierend. Die Königspinguine als die größte Art sind mit ihrem orange geränderten Schnabel, dem orangefarbenen Flecken auf dem Kopf und dem orange-gelb-weißen Farbband um den Hals zweifellos auch die schönsten unter ihnen. Sie leben auch hier in riesigen Kolonien zu Zehntausenden, manchmal sogar zu Hunderttausenden, und verhalten sich genauso wie ihre befrackten Verwandten auf dem antarktischen Kontinent. Außer den Königspingui-

▶ *Kolonisten wurden vom harten Klima der Kerguelen immer wieder abgeschreckt. Heute sind Wissenschaftler die einzigen Bewohner des Archipels.*

▲ *Junge See-Elefanten haben schon prächtige Schnurrbarthaare. Die rüsselartigen Nasen, Resonanzorgane, entwickeln sich nur bei den Männchen ab dem Alter von drei Jahren.*

nen gibt es auf den antarktischen Inseln noch viele andere Pinguinarten, die zwar kleiner, aber deshalb nicht weniger liebenswert sind.

Reichlich vertreten sind auch die Skuas, die Sturmvögel, die Scheidenschnäbel, die einzigen Vögel dieser Region, die keine Schwimmhäute haben, und vor allem die Albatrosse. So anmutig und graziös der fliegende Albatros ist, so plump und unbeholfen wirkt dieser Vogel, wenn er sich in die Luft erhebt. Vom Land wie vom Wasser kann er sich erst nach einem grotesken Anlauf erheben, und das auch nur, wenn er nicht zuviel gefressen hat. Sonst muß er erst einen Teil seiner Mahlzeit erbrechen, um startbereit zu sein. Ein erstaunlicher Anblick ist auch, wie der Albatros nach der Landung seine Flügel am Körper anlegt, denn bei deren Spannweite von 3 m erwartet man eigentlich, daß sie vom Körper abstehen müßten.

Die Strände mancher Inseln werden von den plumpen See-Elefanten bewohnt, die wie träge Riesenwalzen auf dem Strand liegen und meistens vor sich hin dösen. Besucher werden von diesen riesigen Robben normalerweise nur mit einem trüben Blick bedacht. Erst in der Paarungszeit erwachen sie aus ihrer Lethargie. Die Männchen liefern einander blutige Kämpfe, um ihrem Harem möglichst viele Weibchen zuzutreiben oder um diesen gegen liebeshungrige Junggesellen zu verteidigen.

Auf den Kerguelen gedeihen aber auch einige eingeführte Tierarten gut. Wissenschaftler haben schon vor mehr als einem Jahrhundert Kaninchen importiert, um die Walfänger mit frischem Fleisch zu versorgen. Die schnelle Vermehrung dieser Tiere hat wie in Australien allerdings zu einer großen Plage geführt, da die Kaninchen fast die gesamte Vegetation auffraßen. Auch Katzen wurden von Seefahrern mit auf die Inseln gebracht. Verwildert und stark vermehrt sind sie heute als Nesträuber eine ernste Bedrohung für den Vogelbestand der Inseln. Dies gilt auch für die ursprünglich hier nicht heimischen Ratten. Sie sind mit den anlegenden Schiffen hierhergekommen, und jetzt wimmelt es nur so von ihnen. Vor ungefähr 20 Jahren wurde damit begonnen, Mufflons, Rentiere und Schafe auf den Kerguelen einzuführen, um den Speiseplan der Forschungsstationen mit Frischfleisch zu bereichern. Außerdem hat man versucht, Forellen in den Flüssen heimisch zu machen.

Siedlungen
Die Ansiedlung von Menschen mißglückte

Zweimal wurde der Versuch unternommen, die Kerguelen wirtschaftlich zu nutzen. Zu Beginn des 20. Jh. errichtete ein norwegisch-englisches Unternehmen hier eine Fabrik zur Verarbeitung von Walen und See-Elefanten, doch diese wurde 1926 wieder geschlossen. Mit Port-Couvreux versuchte man von 1913 bis 1931 eine Kolonie zu unterhalten, die von der Schafzucht und der Produktion von Robbentran leben sollte. Ruinen von Holzbaracken, verrostetes Material, eine Kinderschaukel und ein paar Gräber sind die stummen Zeugen des kurzen, rauhen Daseinskampfes, den ein paar Menschen am Ende der Welt hier geführt haben.

Heute werden die Kerguelen fast nur von Wissenschaftlern bewohnt, u. a., weil die Inselgruppe ein idealer Ort für die Erforschung des Polarlichts ist.

Die antarktischen Inseln und Inselgruppen unterstehen jeweils der souveränen Verwaltung eines bestimmten Staates. So sind die Kerguelen französisches Gebiet, Heard und Macquarie dagegen australisches. Bouvet gehört zu Norwegen. Bei den Südorkney- und Südsandwichinseln sowie Süd-

▲ *Wie träge Riesenwalzen liegen die See-Elefanten am Strand. Hin und wieder kommt es zu kleinen Streitereien zwischen den plump erscheinenden Tieren, die im Wasser jedoch äußerst geschickt und wendig sind.*

georgien ist die Sachlage schwieriger, denn sowohl Großbritannien als auch Argentinien beanspruchen diese Gebiete für sich.

Die Situation auf dem antarktischen Kontinent und in den Polarmeeren bis zum 60. Grad südlicher Breite ist dagegen noch komplizierter. Australien, Frankreich, Norwegen, Neuseeland, Argentinien, Chile und Großbritannien haben Ansprüche auf Gebiete angemeldet, deren Spitzen jeweils am Südpol aufeinandertreffen, wobei sich die von Chile, Argentinien und Großbritannien beanspruchten Sektoren teilweise sogar überschneiden. Zudem werden diese Forderungen nicht von allen Staaten anerkannt.

Am 1. Dezember 1959 unterzeichneten Argentinien, Australien, Belgien, Chile, Frankreich, Großbritannien, Japan, Neuseeland, Norwegen, die Sowjetunion, Südafrika und die USA in Washington den Antarktisvertrag, dem sich mittlerweile noch acht weitere Nationen angeschlossen haben. Die Länder haben sich verpflichtet, auf jegliche militärische Aktivitäten unterhalb des 60. Breitengrades zu verzichten, keine Atomversuche durchzuführen und keinen radioaktiven Abfall zu lagern. Außerdem wollen

▲ *Auf den Inseln der südlichen Erdhalbkugel nisten Dutzende von Albatrosarten. Dieser Rußalbatros wurde auf den Crozetinseln westlich der Kerguelen fotografiert.*

alle Mitgliedsstaaten etwaige Gebietsansprüche vorerst zurückstellen, Flora und Fauna schützen sowie die Freiheit der wissenschaftlichen Forschung in der Antarktis durch Zusammenarbeit und freien Austausch von Informationen und Personal fördern.

Die Länder der dritten Welt haben gegen den Vertrag protestiert, weil sie die Nutzungsrechte der antarktischen Ressourcen, die von Steinkohle über Titanerz bis zu ergiebigen Fischgründen reichen, noch für klärungsbedürftig halten. Es wurde behauptet, daß der „Club der 20" Antarktika als seinen Besitz betrachte. Die Vertragsstaaten haben dies bestritten und betont, daß jeder auf Antarktika willkommen sei, der bereit sei, den Vertrag zu unterzeichnen. So wurde Polen 1977 der 13. und die Bundesrepublik Deutschland 1981 der 14. Unterzeichner. Da der Vertrag 1991 ausläuft, wird man in Kürze erneut über die Antarktis verhandeln müssen. Dann wird sich zeigen, ob es dem Menschen gelingt, dieses empfindliche Ökosystem zu erhalten, oder ob auch dieses „letzte Paradies" den wirtschaftlichen Interessen geopfert wird. Die Folgen einer vorschnellen Nutzung antarktischer Rohstoffe sind heute noch nicht absehbar und stellen nicht nur eine Gefahr für Flora und Fauna dieses Kontinents dar, sondern auch für die gesamte Menschheit.

▶ *Der Königspinguin ist etwas kleiner als der Kaiserpinguin, jedoch mit einem bunteren Federkleid geschmückt. Er lebt meist auf kleinen Inseln in der subpolaren Zone der Antarktis.*

Karten, Fakten, Zahlen

Australien

Fläche: 7,69 Mio. km²
Einwohner: 16,09 Mio.
Hauptstadt: Canberra, 286 000 Einw.
Bedeutende andere Städte: Sydney, 3,43 Mio. Einw.; Melbourne, 2,94 Mio. Einw.; Brisbane, 1,17 Mio. Einw.; Adelaide, 993 000 Einw.; Perth, 1,02 Mio. Einw.; Newcastle, 429 000 Einw.
Staatsform: Parlamentarische Monarchie mit bundesstaatlichem Aufbau
Währung: 1 Australischer Dollar = 100 Cent
Bevölkerung: 90 % britischer Herkunft, 3 % Italiener, 1,5 % Deutsche, 1 % Griechen, etwa 230 000 Ureinwohner (Aborigines) sowie asiatische und andere Minderheiten
Sprache: Englisch (Staatssprache); Eingeborenensprachen
Religion: Christen (überwiegend Protestanten und Anglikaner, 26 % römisch-katholisch)
Klima: Überwiegend Wüsten- und Steppenklima, im Norden Tropenklima mit Regen- und Trockenzeit, im Südosten feuchtgemäßigtes Klima. Durchschn. Januartemp. in Sydney 22 °C, Julitemp. 12 °C
Bodenschätze: Eisenerz, Steinkohle, Braunkohle, Bauxit, Gold, Blei, Zink, Kupfer, Nickel, Uran, Zirkon, Antimon, Erdöl, Erdgas
Hauptexportgüter: Steinkohle, Eisenerz, Nichteisenmetalle, Uran, Wolle, Weizen, Fleisch, Molkereiprodukte
Pro-Kopf-Einkommen ($ im Jahr): 11 920
Bevölkerungswachstum (% im Jahr): 1,4
Lebenserwartung: Männer 73, Frauen 79

Neuseeland

Fläche: 269 112 km²
Einwohner: 3,31 Mio.
Hauptstadt: Wellington, 324 000 Einw.
Bedeutende andere Städte: Auckland, 830 000 Einw.; Christchurch, 300 000 Einw.
Staatsform: Parlamentarische Monarchie
Währung: 1 Neuseeland-Dollar = 100 Cent

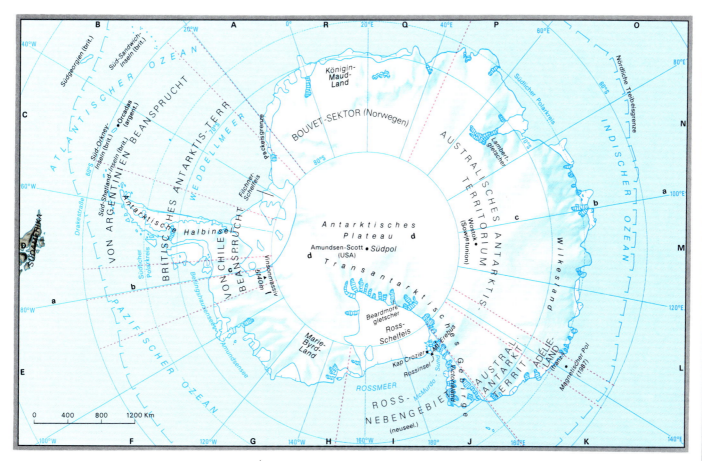

Bevölkerung: 86% Europäer, 9% Maori, 2% Polynesier, 3% Asiaten
Sprache: Englisch, Maori
Religion: Christen (85% Protestanten)
Klima: Gemäßigtes Seeklima mit ganzjährig reichlichen Niederschlägen auf der Südinsel, sommerlicher Trockenheit im Norden. Durchschn. Temp. in Wellington im Juli 8°C, im Jan. 16°C
Bodenschätze: Erdöl, Erdgas, Kohle
Hauptexportgüter: Fleisch, Molkereiprodukte, Schafwolle, Holz und Holzerzeugnisse, Obst, Gemüse
Pro-Kopf-Einkommen ($ im Jahr): 7460
Bevölkerungswachstum (% im Jahr): 0,7
Lebenserwartung: Männer 71, Frauen 77

Neukaledonien

Fläche: 19 103 km²
Einwohner: 155 000
Hauptstadt: Nouméa, 85 000 Einw.
Staatsform: Französisches Überseeterritorium
Währung: 1 CFP-Franc (FCFP) = 100 Centimes
Bevölkerung: 45% Melanesier, 40% Europäer, 12% Polynesier
Sprache: Französisch, Eingeborenensprachen
Religion: Christen (62% Katholiken, 25% Protestanten)

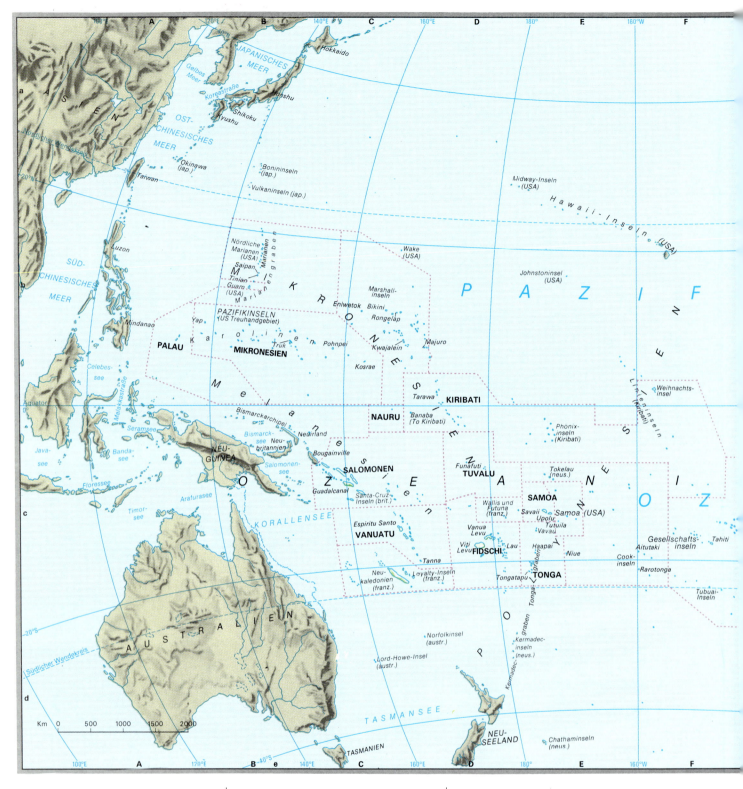

Klima: Tropisches Passatklima mit an der Ostküste mehr als 3000 mm Niederschlag im Jahr; in Nouméa beträgt der durchschn. jährliche Regenfall 1070 mm. Durchschn. Temp. in Nouméa im Juli 14°C, im Nov. 33°C
Bodenschätze: Nickelerze
Hauptexportgüter: Nickel, Kaffee
Pro-Kopf-Einkommen ($ im Jahr): 5513
Bevölkerungswachstum (% im Jahr): 1,7

Vanuatu

Fläche: 14 763 km²
Einwohner: 143 000
Hauptstadt: Port Vila, 16 000 Einw.
Staatsform: Parlamentarische Republik
Währung: 1 Vatu = 100 Centimes
Bevölkerung: 94% Melanesier, 2,5% Europäer, 1,5% Polynesier und Mikronesier
Sprache: Bislama, Englisch, Französisch
Religion: 75,7% Christen, 9,2% Naturreligionen
Klima: Tropisch-wechselfeucht mit Trockenzeit im Juli/August. Durchschn. Temp. ganzjährig um 25°C
Bodenschätze: Manganerz
Hauptexportgüter: Kopra, Gefrierfisch, Holz, Fleisch

Pro-Kopf-Einkommen ($ im Jahr): 821
Bevölkerungswachstum (% im Jahr): 2,9
Lebenserwartung: Männer 56, Frauen 54

Mikronesien

Fläche: 720 km²
Einwohner: 315000
Hauptstadt: Kolonia, 5500 Einw.
Bedeutende andere Städte: Moen, 10300 Einw.; Yap, 8200 Einw.
Staatsform: Präsidiale Bundesrepublik
Währung: 1 US-$ = 100 Cent
Bevölkerung: über 95% Mikronesier
Sprache: Englisch, mikronesische Dialekte
Religion: Christen
Klima: Tropisches Äquatorialklima. Temp. ganzjährig um 27°C
Hauptexportgüter: Kopra, Kokosnüsse, Fisch, kunsthandwerkliche Erzeugnisse
Pro-Kopf-Einkommen ($ im Jahr): 2500
Bevölkerungswachstum (% im Jahr): 3,5
Lebenserwartung: Männer 64, Frauen 68

Französisch-Polynesien

Fläche: 3521 km²
Einwohner: 166000
Hauptstadt: Papeete, 78800 Einw.
Staatsform: Französisches Überseeterritorium
Währung: 1 CFP-Franc = 100 Centimes
Bevölkerung: 65% Polynesier, 14% Maori, 10% Asiaten, 10% Europäer
Sprache: Französisch, Polynesisch
Religion: Christen (47% Protestanten, 40% Katholiken, 3,5% Mormonen)
Klima: Tropisch, durchschn. Temp. von Mai bis Okt. 25°C. Hauptregenzeit von Nov. bis April, durchschn. Temp. 27°C
Bodenschätze: Phosphate
Hauptexportgüter: Kopra, Perlmutt, Zuchtperlen
Pro-Kopf-Einkommen ($ im Jahr): 8216
Bevölkerungswachstum (% im Jahr): 2,0

Hawaii

Fläche: 16705 km²
Einwohner: 1,05 Mio.
Hauptstadt: Honolulu, 373000 Einw.
Bedeutende andere Städte: Pearl Harbor, Hilo, 36000 Einw.
Staatsform: Parlamentarische demokratische Republik
Währung: 1 US-$ = 100 Cent
Bevölkerung: Polynesier (20%), Nordamerikaner, Japaner, Chinesen, Filipinos
Sprache: Englisch, Polynesisch
Religion: Christen
Klima: Durchschn. Temp. im Sommer ca. 26°C, im Winter ca. 15°C. Ein durch den Passat gemildertes Tropenklima
Bodenschätze: Bimsstein
Hauptexportgüter: Zuckerrohr, Ananas
Pro-Kopf-Einkommen ($ im Jahr): 17480
Bevölkerungswachstum (% im Jahr): 1,0

Bildnachweis

(l. = links; o. l. = oben links; u. l. = unten links; r. = rechts; o. r. = oben rechts; u. r. = unten rechts; o. = oben; M. = Mitte; u. = unten)

Umschlagvorderseite: o.: David Burnett/Contact/FOCUS; u.: F. Gohier

Innenteil: 6 o.: B. Grilly; 6 M.: F. Gohier; 6 u.: S. Hutin; 7 o.: Stock/Magnum; 7 u.: Monnot/Pitch; 8 o.: Scott/Pitch; 8 M.: Folco/Gamma; 8 u.: Sioen/C.E.D.R.I.; 9: B. Grilly; 10, 10/11, 12 o., 12 u., 13: J.-P. Ferrero; 14 o.: Valentin/Explorer; 14 u.: Foley/Arepi; 14/15: Denise & Theresa O'Byrne/A.N.T. PHOTO LIBRARY; 16: Tweedie/Colorific; 16/17: P. Challoy; 18/19: David Burnett/Contact/FOCUS; 20: Gerster/Rapho; 21 o.: C. Lénars; 21 u.: Tweedie/Colorific; 22: Gerster/Rapho; 22/23: Serraillier/Rapho; 24 o.: Weckler/Image Bank; 24 u.: B. Grilly; 25: Beebe/Image Bank; 26/27: Glaou/Atlas-Photo; 28: Angove/Colorific; 29: C. Lénars; 30: Moore/Rapho; 30/31: Valentin/Explorer; 32 o.: C. Lénars; 32 u.: Serraillier/Rapho; 32/33: Brake/Rapho; 34: C. Lénars; 34/35: Moore/Colorific; 36: Serraillier/Rapho; 36/37: Brake/Rapho; 38/39: Clark/A. Hutchinson Lby, 40 o.: Serraillier/Rapho; 40 u.: C. Lénars; 41: Pictor/Aarons; 42/43, 44: Moore/Colorific; 44/45: C. Lénars; 45, 46: Moore/Colorific; 46/47: Serraillier/Rapho; 48: Ribieras/Explorer; 49: S. Hutin; 50: Folco/Gamma; 50/51: Folco/Gamma; 52 o.: Rives/C.E.D.R.I.; 52 u.: Schwart/Image Bank; 53: Hermann/Gamma; 54, 54/55: Rives/C.E.D.R.I.; 56 o.: Folco/Gamma; 56 u.: S. Hutin; 56/57: Hermann/Gamma; 58/59, 60: Rives/C.E.D.R.I.; 61 o.: Kerdilès/Rapho; 61 u.: Pinson/Explorer; 62: Carde/Explorer; 62/63: C. Lénars; 64: Carde/Explorer; 65, 66 o.: Hermann/Gamma; 66 u.: Arthus-Bertrand/Explorer; 66/67: Boizot/Explorer; 68: Thomas/Explorer; 69: Moore/Colorific; 70: Purcell/Colorific; 70/71, 72/73: Gohier/Pitch; 74 o.: Wayman/Colorific; 74, 74/75: F. Gohier; 76, 76/77: Gohier/Pitch; 78/79: Weckler/Image Bank; 80 o.: Friedel/Rapho; 80 u.: Fields/Rapho; 81: Friedel/Rapho; 82: Purcell/Colorific; 83, 84/85: Wayman/Colorific; 86/87: Fields/Rapho; 88: Wilcox/Image Bank; 89: Pinson/Explorer; 90: Cambacérès; 90/91: Tirfoin/Afip; 92: Sester/Pitch; 92/93: F. Prenzel/IFA Bilderteam; 94, 95: Folco/Gamma; 96 o.: Serraillier/Rapho; 96 u.: Carde/Explorer; 97: Rives/C.E.D.R.I.; 98/99: Folco/Gamma; 100 o.: C. Lénars; 100 u.: Tirfoin/Afip; 101: M.-L. Maylin; 102 o.: Saudeau/Rush; 102 u.: Moore/Colorific; 102/103: Christian/Rapho; 104: Folco/Gamma; 104/105: Rives/C.E.D.R.I.; 106: Rouland/Afip; 107: Moisnard/Explorer; 108: Friedel/Image Bank; 109: Palmer/Image Bank; 110: Begon/Top; 110/111: Villota/Image Bank; 112 o.: Friedel/Rapho; 112 u.: Kraft/Explorer; 113: Friedel/Rapho; 114: Satterwhite/Image Bank; 114/115: Friedel/Rapho; 116: C. Lénars; 117: P. Wallet; 118/119: Fiedler/IFA-Bilderteam; 120 o.: Duchaane/C.E.D.R.I.; 120, 121: Sioen/C.E.D.R.I.; 122: Vautier-De Nanxe; 123, 124: C. Lénars; 124/125: P. Challoy; 126: H. Gruyaert/Magnum/FOCUS; 127: Zuber/Rapho; 128: Adamini/Gamma; 129: Victor/Pitch; 130 o.: Bosse/Rapho; 130 u.: Gerster/Rapho; 130/131: P.-E. Victor/Pitch; 132: April/Top; 133: Leclerq/Rapho; 134: Prévost/Jacana; 134/135: Leclerq/Rapho; 136: Gerster/Rapho; 137: Chaveyron/Atlas-Photo; 138/139: Suinot/Explorer; 140: Gerster/Rapho; 140/141: F. Gohier; 142: Monnot/Pitch; 142/143: Mercié/Explorer; 144: Courraud/Afip; 144/145: Annie Price/Anglia/Okapia 146: Belbéoc'h/Atlas-Photo; 146/147: Monnot/Pitch; Karten 148–151 Reader's Digest.